온정선 라파엘라 수녀 금경축(金慶祝) 기념 시집

아름다운 동행

온정선 수녀 시집

오늘의문학사

일러두기

본문에 사용한 '>'표시는 연과 연 사이의 '빈 줄'을 나타냅니다.

아름다운 동행

| 머리말 |

자헌사(自獻詞)

금경축을 축하합니다.
김반숙 수녀 온정선 수녀 장길선 수녀 장정옥 수녀
은경축을 축하합니다.
김은주 수녀 안선영 수녀 유태경 수녀 허선미 수녀

♥

처음 대전은
나의 멀고 먼 가나안 땅이었네.
아브라함이 찾아간 하느님의 땅이었네.

무수한 별빛으로 찬란한 누리
서툴고 힘들고 어려웠지만
일생을 걸어볼 만한 생명의 길이었네.

당신의 말씀, 말씀마다
안고 입맞춤할 때
스스로 열중하여 일생을 바쳤네.

누가 새벽 창문을 두드리는가!
엉덩이 뼈 볼모로 받아낸 야곱의 축복,
나라고, 우리라고 받아내지 못하겠는가!

하느님의, 더 큰 영광의 기치 아래
모인 여기, 축복의 한마당.

♥

동행자들이여, 감사합니다. 고맙습니다. 축하와 관용의 성수를 가슴에 안고 이제 다시 시작하렵니다.
금경축에 이르도록 살아온 날들을 정리하여 시집으로 꾸며주신 장영선 관구장 수녀님,
맨 처음 글쓰기를 허락해 주신 최향선 수녀님,
아름다운 동행으로 격려를 아끼지 않았던 7기 동료, 예수회 모든 수녀님,
격려와 자극을 주신 정홍주 수녀님, 이희숙 수녀님
그리고 서둘러 하늘나라로 떠나신 박가주 수녀님,
시심을 지켜보고 이끌어 주신 리헌석 이사장님
지면을 통해 감사와 기도를 드립니다.
그리고 수도회 여러분 정말, 정말 고맙습니다.

2022년 6월 6일 온정선 라파엘라 올림

| 축하말씀 |

온정선 수녀님 시집 발간을 축하드리며

한 생을 하느님의 사랑 안에서 그 사랑을 나누며 살아오신 수녀님의 금경축을 맞아 시집을 발간하게 되어 함께 기뻐하며 축하를 드립니다.

수녀님께서는 오랜 시간 어린이들의 교육을 사도직으로 행하셨고, 은퇴하신 이후에도 지역사회 안에서 어려운 어린이들을 돌보고 계십니다.

늘 어린이들과 함께 하면서 순수한 동심을 간직하시고 그 마음을 시상에 담아 자주 수도가족과 나누시며 공동체를 풍요롭게 해주셨습니다.

하느님께서 수녀님의 마음에 특별히 심어주신 긍정과 희망의 씨앗이 시 안에 담겨있음을 봅니다. 수녀님의 50년 수도 삶의 모습이 하느님을 많이 닮아서 아름답고, 그 아름다움은 시상을 통해 수녀님 스스로에게도, 또한 만나는 이들에게도 행복을 전하는 온화한 기운이 느껴집니다.

더욱 힘들고 지친 이들에게 푸근한 고향을 느끼게 하고, 새로운 힘을 넣어주어 생명력을 더해주는 듯합니다.

은혜로운 수도여정을 이 시집에 담게 되어 축하드리며, 시집 발간에 도움을 주신 리헌석 시인님께도 감사의 마음을 전합니다.

2022년 6월 6일
예수수도회 관구장 장영선 힐데가르드 수녀

| 목차 |

머리말 · 자헌사(自獻詞) ············ 04
축하말씀 · 장영선 관구장 수녀 ····· 06

1부 님과 함께라면

기다림 ············ 18
깻잎 한 장 ············ 19
꽃들의 기도 ············ 20
남촌별곡 ············ 21
님과 함께라면 ············ 22
내장산 ············ 23
노인과 러브레터 ············ 24
님 오시는 길 ············ 25
님이 오시기에 ············ 26
마음아, 마음아 ············ 27
목련 제단 ············ 28
물 위에 앉은 의자 ············ 29
사랑의 눈 ············ 30

산 너머 남촌에는 ······ 31
새우 할머니 동상 ······ 32
성모님의 시간표 ······ 33
손 흔드는 소녀야 ······ 34
손수건 한 장 ······ 35
수련소의 포도원 ······ 36
수선화 ······ 37
시골길을 걸으며 ······ 38
예수님의 옷자락 ······ 39
오빠의 날, 성 김대건 ······ 40
右盜(우도)의 辯(변) ······ 41
저녁 강물 ······ 42
차가움도 아름다움이어라 ······ 43
카톡을 하며 ······ 44
호박과 어머니 ······ 45
호수 찬가 ······ 46
흐르는 것은 아름다워라 ······ 47
흙의 노래 ······ 48
덤으로 주시더이다 ······ 49
아름다운 섬을 찾아서 ······ 50

2부 영혼의 꽃편지

보랏빛 촛불 ······ 52
5월의 마지막 편지 ······ 53
성탄제 ······ 54
사부곡 ······ 55
아기 예수님께 ······ 56
새로이 태어난 사람아 ······ 58
메리워드 날에 ······ 60
기도의 산 ······ 61
하늘의 소리, 땅에서도 크셨어라 ······ 62
하늘이 열리며 ······ 64
그 큰 자리가 강물이 되어 ······ 66
글로리아 송가 ······ 68
예수님의 눈물 ······ 70
제비꽃처럼 ······ 72
아가 ······ 74
수줍은 겨자씨 큰 나무되어 ······ 76

보름달로 떠서 ·············· 78
한번 핀 꽃은 ·············· 79
감사합니다 ················ 80
삶의 화덕에서 ············· 81
아름다운 동행 ············· 82
님의 꾀임에 빠진 자여 ······ 84
내 사랑 하이꼬 ············ 86
캄보디아 여인 ············· 88
쌍천의 정신 ··············· 89
쟈스민 손녀야 ············· 90
첫영성체 날 ··············· 92
2월의 손 편지 ············· 93
수선화에게 보낸 편지 ······· 94
교황님의 가방 ············· 95
부모님 전 상서 ············ 96

3부 들녘의 기도

5월의 찬가 ·············· 98
8월의 크리스마스 ·············· 99
10월의 향기 ·············· 100
거리두기 ·············· 101
거울 앞에서 ·············· 102
굿 뉴스 ·············· 103
금강 부두 ·············· 104
꽃비 ·············· 105
낙엽과 낙엽 사이 ·············· 106
다윗의 기도 ·············· 107
들녘에서 1 ·············· 108
들녘에서 2 ·············· 109
말씀이 사람이 되어 ·············· 110
밤길 ·············· 111
물고기의 쓸개 ·············· 112
베들레헴 ·············· 114

베를린의 추억 ·············· 115
브레멘 하벤 ·············· 116
서둘러 가거라 ·············· 117
서둘러 부른 노래 ·············· 118
손 씻기 ·············· 119
어머니 아카시아 ·············· 120
열매 ·············· 121
열매를 주우며 ·············· 122
예수님의 계산서 ·············· 123
찬미예수님, 사순절에 ·············· 125
장미 향기를 찾아서 ·············· 127
채석강 ·············· 128
한여름 밤의 꿈 ·············· 130
은행나무 밑으로 가라 ·············· 131
티베리아 호수 ·············· 132

4부 동심의 세계

가을 하늘은 ······ 134
강아지 ······ 135
꽃 잔치 ······ 136
무궁화 ······ 137
빨간 오리발 ······ 138
사람 ······ 139
성모동산에서 ······ 140
손가락 젓가락 ······ 141
아기 예수님 ······ 142
엄마 비 아가 비 ······ 143
엄마의 나라 아빠의 나라 ······ 144
자석이 된 엄마 ······ 145
호수의 가슴 ······ 146
가을아, 미안해 ······ 147
구름아 구름아 ······ 148
그날의 별들 ······ 149
꿈이 열린 나무야 ······ 150

기도의 호수 ……………… 152
눈 속의 기도 ……………… 153
솔방울 사랑방 …………… 154
아가 콩 …………………… 155
아빠의 유산 ……………… 156
입마개 마스크 …………… 157
좀들이 물방울 …………… 158
진안의 하루 ……………… 159
해변의 노래 ……………… 160
호숫가 이야기 …………… 161
겨울 숲에서 길을 읽다 ………… 162
보름달 …………………… 163
너도 흘러왔구나 ………… 164

| 작품해설 | ……………… 165

1부

님과 함께라면

기다림
- 대림절 촛불을 밝히고

목이 다 휘어지도록
일본으로 징용 간 오빠를 기다리던 어머니

사립문 밖에서 추우나 더우나
멀고 먼 곳을 향한
아, 그 세월, 어머니의 기다림

언제부턴가
난 아무것도 기다리지 않기로 했는데
살며시 내 손안에 안겨준 묵주알

예수님 안에 살고부터
난 알았네.
흰머리 파뿌리 되어도 늘 찾아오시는 분
나의 기다림은 예수님

대림 1주에
촛불 하나 제대에 켜고.

깻잎 한 장

깻잎 한 장 머리에 이고 들길을 간다.

쏴-입안에 와 닿아 퍼지는 내음
세상의 모든 냄새 사라져 간다.

깻잎 한 장 머리에 얹고 도시 길을 간다.

도로에 구름 같은 자동차 떼들
아슬아슬 깻잎 한 장 사이로 빠져나간다.

후유- 용하게도 살아남은 나

난 누구를 위해 깻잎 한 장의 향기로
기도하며 살아가고 있나?

꽃들의 기도

미소로 사는 삶이 어디 꽃뿐인가요.
가만히 떨림으로 흔들리는 것이
어디 바람뿐인가요.

천년의 바위도 웃는 세월
절벽에 선 채 울지 말아요.
당신에게 꽃잎의 기도를 띄웁니다.

위로의 한 다발
영혼 앞에 기도하는 꽃
흙속에 뿌리 내리고 기도하는 꽃

말 많은 세상 침묵 속의 깊은 말
툭툭 봉오리 터질 때
온몸을 던지고도
저리 행복한 꽃들의 기도입니다.

남촌별곡

이곳으로 온 뒤로 나는 보았네.
하느님이 주시는 생명의 혼,
오요요 강아지풀과 인사 나누고
파드득 창공을 나는 새떼들을 따라 갔었네.

아! 당신은 가끔씩 큰 숨을 쉬게 하셨네.
느릅나무 속잎 따기도 전에 키 커버리는 기름진 땅
여린 머위 잎 키우느라
졸려 느긋한 햇볕의 손놀림

깻잎 한 장 머리에 이고
개미구멍에 들기 전, 내린 소나기로
처음부터 다시 시작하는 눈부신 대역사
이웃 밭을 기웃거리며 먼저 악수하는 고구마 순

나는 무엇을 더 찾아나서야 하나
남촌은 하늘 아래 첫 동네
사람보다 먼저 온 삶의 온실이 아닌가?

오늘도 하늘 아래 굳건히 서 있는
옥수수 대 사이로 시원한 바람이 지나간다.
거기에서 나는 당신의 숨소리를 듣는다.

님과 함께라면

아무것도 필요 없어요.

카드 한 장 가져본 적도 없어요.
자동차 운전 한 번 해본 적도 없어요.
완장을 찬 소임 한 번 해본 적이 없어요.

메리워드처럼 힘들어 한 적도 없어요.
과일 편지를 써본 적도 없어요.
학교 문을 닫으라고 몰아낸 적도 없어요.

눈을 감으면 열 지어 달려오는 아이들
열, 스물, 백, 천, 만
갈릴레아에서 예수님의 손을 잡고 덤벙대며

호수를 향하여 잠잠하여라 외친 나
손잡아 이끄시는 님과 함께라면.

내장산

눈에 다 담을 수 없어요.

말이 사라진 내장산
마음에 큰 산 하나 들어섰네.

떠나갈 바람도 자고
돌아갈 해 그림자만 머무는데
이곳이 세상 어디쯤인가?

수천 년 나무들 차렷 자세
나도 모르게 친 박수
일제히 고개 쳐든
갈채의 숲.

노인과 러브레터

노인이 되어가니 바빠지네요.

숨 천천히 고르기
빨라진 걸음 속도 늦추기
뒤죽박죽 생각 실타래 고르기
그게 언제더라? 어디더라? 누구였지?

길가에 보이는 잔 꽃들,
벌레의 꿈틀거림,
떠도는 구름의 생각을 훔쳐내고
모르는 이와 인사 나누며

나빠진 눈에도 보이는 사람들
묶어 놓았던 질긴 끈들
옹졸함의 태가 확 풀리면서
아가의 탄생!
기도의 러브레터.

2022.2.25. 수원에서

님 오시는 길

님이 오시는가,
밭고랑에서 소식이 왔네.

겨우내 그 길가 지키던 민들레가
술렁이는 논두렁
눈 속에서 웅크리던 풀뿌리

내 몸은 고요한데
돌돌 도랑물 소리도 같아라.
하하 아이들 웃음도 같아라.

바람이 지나가면
일제히 노란 초롱불 켜지고
님의 모습은 보이지 않아
거울 앞에 한번 서보는 이 봄

나도 누군가 창가에서 기다리는
민들레 홀씨도 되고
그 뿌리도 되고 싶다.

님이 오시기에

님이 오시기에 맨발로 달려 나가니
새벽녘에 배달된 편지 한 통
갈릴레아로 가거라.

지난밤 꽃잎들 저리 침묵이더니
호수로 가는 길 향기롭구나.

하늘과 땅이 만나는데
빛보다 빠른 걸음
숨쉬기는 나중에라도 할 수 있어

다시 태어날 수만 있다면야
님 만나러 가는 길, 기쁨에의 길
흔들리는 머리 수건 벗겨지거라.

라파엘라.
라뽀니 라뽀니.

2019.4.22. 부활절에

마음아, 마음아

6월! 마음 한 자락에
평생을 펼쳐놓고 헤아리는 계절
마음이 마음을 만나 기쁘기도 하고
예수님을 만나는 행운도 있구나.

그 보물 곱게 간수하는 일이
이리 어렵고 소중함을 알아내기에
평생을 써버렸다 해도
아쉬움이 없어라.

살면서 바늘귀만큼 알아내기에
서로 만나기가 이리 멀어
부대끼고 피멍울 져
찔레꽃 붉게 피는 6월인가 보다.

6월에 너를 만나자,
산다는 건 누군가의 마음 안으로
여행하는 길.
넓고 깊은 마당 안으로 마중오시는
예수성심
그래서 찔레꽃이 하얗게 피나 보다.

목련 제단

네 곁에 서면
나도 모르게 모자를 벗는다.

촛불 밝히는 제단에 고요가 흐르고
바람은 이제 자고 햇살도 눈을 감는다.

이런 세상도 있구나.
이곳은 어디쯤일까?

일상의 긴 다리 땅속에 묻고
하늘을 향한 구도의 문

지나가는 비행기도 조심스레 비켜가고
뜬 구름 같은 갈망은 벌써 떠났다.

한 걸음 두 걸음 다가선다.
네 곁에 서면 나도 모르게 머리를 숙인다.

물 위에 앉은 의자

향미정 정자나무 물길을 따라
호수에 떠있는 의자 하나
누가 앉았을까?

누가 버렸을까,
홍수에 떠내려 왔을까?
이끼가 상아 색깔로 파랗게 멍들었구나.

네 개의 발이 땅에 닿는 날을 위하여
누구나 한번쯤 앉고 싶었던 자리
신문을 읽고 세상을 이야기하고
담소하던 사람은 떠났는데

심심치 않게 떠들던 청동 오리들의 파닥임
콕콕 쪼아대던 재두루미 그 긴 목
물살에 밀려 온몸이 으스스하던 첫새벽
산란 터를 물색하던 잉어 한 마리야.

머지않아 아기 잉어가 태어날 것이라고
의자 밑을 탁탁 치는 꼬리지느러미야.

사랑의 눈

부활은
첫 새벽 식구들 밥을 준비하는 어머니의
사랑스런 손 안에서 열리고.

신자들을 기다리는 이른 새벽,
성당 문을 여는 수녀님의
사랑스런 손길에 열리고.

성삼일 미리 준비하는 신부님의 강론 준비에서
먼저 부활이 찾아온다.

하루를 여는 꼭두새벽,
가족을 위해 일터로 향하는 한 잔의 커피 속,
아버지 눈길.

사랑의 여운을 따라가는 가슴에
내 민족 내 꿈을 펼치는 새벽 종소리에도
부활이 묻어있네.

사랑은 제자들보다 먼저 향유를 들고
무덤에 달려가고
그리하여 예수님을 만나는 첫 사람이고 싶다.

2021.4.3. 부활아침, 강론을 들으며

산 너머 남촌에는

텅 빈 공소를 지키는 바람 소리
봄의 길목에 제일 먼저 달려 나올
작은 싹들을 기다리며
공소를 지키는 예수님을 바라봅니다.

오! 주님 이곳에 계셨군요.
미사에 참석한 30여 명의 사람들
한 사람 한 사람 껴안으시는 예수님

간절한 기도의 순간을 맞이할 수 있다니요?
이것이 단한번의 기도 순간이라 해도
기쁨이요, 행운이었어요.

살아있는 것이 서서히 떠나간다 해도
오롯이 주님 함께 계신다는 선물이요,
약속이었어요.

2021.4.3. 공소미사15, 강론을 들으며

새우 할머니 동상

나는 점점 혼자 가는 길에 섰다.
낯선 길, 처음엔 두려움
새우 할머니 동상 앞에서
아! 하고 멈춰버렸다.

저렇게 한자리에서 새우만을 팔다가
이승을 떠난
초라한 어느 할머니의 인생
브레멘 하벤의 항구도시는
영원히 잊지 않고 있었다.

얼마나 훌륭한 사람들인가
평생 동안 비릿한 새우만을 판
한 여인의 추억을 그들은 잊지 못했다.

나도 모르게 새우처럼 굽어진 동상을 껴안았다.
평범한 사람을
훌륭히 볼 줄 아는 이 민족이 부러웠다.
비릿한 바닷바람과 함께.

성모님의 시간표

5월은 성모님의 시간표
푸른 글씨로 써 내려가지요.
설레면서 점점 커지면서
섬세하게 미소 짓는
푸른 누룩이 신록을 꾸며가지요.

난 알아 버렸어요.
들키지 않는 손길
옹졸한 마음 펴고,
마음마다 진흙털이에
바빠진 잔기침 소리
처음엔 꿈의 소리
아니 바람 소린가?

허리 질끈 묶고 흐르는 묵주알 여미며
아, 이산 저산 앞뜰 뒤뜰
뛰어다니느라 폭 넓어진 치마폭
이젠 온 세상을 덮어도 남아라.
성모님의 시간표엔 마침표가 없구나.

2019.5.21.

손 흔드는 소녀야

세상에서 제일 아름다운 손
독일 브레멘 하벤에서
너를 만났지

"아~멘" 예쁘고 작은 손을 흔들며
낯선 이국의 수녀에게 준 마음의 선물
종교개혁의 거리에서
수도복 차림을 반겨준 소녀야.

한 알의 밀알이 되리라
남쪽 뮌헨으로 가는 길목
메리워드는 하느님과 함께 했지.

세상은 살아볼 만한 곳
내 안에 살아계신 하느님의 숨결을
도처에서 만날 수 있어

나는 오늘도 이 거리에서
제일 행복한 수녀로 서 있다.

2014.8.

손수건 한 장

40여년 만에 서독 브레멘 하벤으로 날 불렀지.
아니 매년 오세요, 그래도 갈 수 없는 나
얼마나 외로우면 그랬을까.

자전거로 숲길을 달렸다. 혹시나 마음이 평화로울까?
자가용에 몸을 싣고 달렸다. 말을 타고 숲길을 달렸다.
흘러내리는 눈물 닦아 줄 손수건 한 장을 찾아서

결혼한 자녀들 떠나가고
헐렁해진 우렁이, 이국땅에서 둥둥 떠내려가네요.
"하느님 살려 주세요."
구원의 하느님께 내민 손
꽉 붙잡아 준 하느님 감사합니다.

진정 하늘나라를 찾는 자는 알아내리라.
하느님 말씀을 듣고
평화를 느끼는 자는 살리라.
하느님 외엔 아무데도 구원이 없음을.

헬렌! 이제 하느님은 네 앞에서 눈물을 닦아주시리라.
네 안에 기쁨과 평화를 주시리라.
평생을 주고 산 손수건 한 장.

수련소의 포도원

주렁주렁 포도원, 오류동 수련소 뒤뜰에 있었지.
하얗게 빛바래가는 피정자 홑이불 수십 채
앞치마 질끈 동여매고 백마처럼 달리던
온정선 장정옥 장길선 김반숙 처음 만난 친구들
아! 수련소 젊음이 수녀로 바뀌어 가던 시절을 잊을 수 있을까

사이사이 포도밭 들락거리며 알알이 따먹던
보고도 못 본 체 알고도 모르는 듯
포도맛보다 달콤하고 새콤한 선배 수녀님 마음으로
익어가던 세월
아! 흰 옥양목보다 더 하얀 머리로 세어간들
그 세월을 잊을 수 있을까?

빨간 고추 널어놓은, 한 여름 수련소 길
환영 양탄자 길인 양 기뻐 걸었다던,
독일 수녀님들 하늘로 떠나고
옆산 꽃잔디 흙 나르던 수레바퀴 굴러갔지만
함께 산 조용순 우옥희 채정희 후배들
아! 손톱 굵어지고 허리 굽는 노년에 접어든들
우린 꽃잔디, 그 길을 잊을 수 있을까?

2019.7.19. 수원에서

수선화

수군수군 어디서 나는 소리일까?

첫새벽 미사 갔다 오는 길가
연두색 기둥 하늘로 떠 올리고
갓 씌운 노란 봉오리 그대 수선화
너도 오늘 새로 태어남에
감사의 미사를 바치고 있었구나.

보이지 않는다고 죽은 건 아니야
섭섭했는지 더욱 죽죽 키 올리는 너
그래 겨울만을 생각하는 어리석은 나
가끔은 진리를 잊고 한눈 팔 때
일깨워 주는 세상 만물 앞에서
숙연해지는 신비의 나라

오늘은 또 얼마나
많은 일깨움을 만나서 놀랄까.

시골길을 걸으며

찬밥 한 그릇에
깻잎 한 장씩 얹어 먹고
빨간 고추 널린 시골길을 간다.

늦가을 따끈한 햇살 한 주먹
앞길이 환히 보인다.

한 겨울 입안을 덥혀
팔딱팔딱 뛰게 하는 시골길에서
재채기를 한다.

누가 내 말을 하나 보다.
지금쯤 대한민국의 각 처에서
피톨을 굴리며
이름 모를 불들을 끄고 있겠지.

예수님의 옷자락

이 많은 군중 속에서
누가 주님의 옷자락을 잡았다고 하십니까.
제가 잡았습니다.

밤 9시 우리나라를 위한 기도
고통 중에 앓고 있는 세상의 모든 이들이여!
제가 만졌습니다.

하느님이 주신 손, 곱고 예쁜 마음
붙잡을 곳은 오직 하나
따라 갈 곳도 오직 하나

주님은 오늘도 누가 주님의 옷자락을
잡았다고 하십니까?
제가 잡았습니다.

2020.2.4. 신종 코로나 바이러스 사라지기를 기도하며

오빠의 날, 성 김대건

가시는 길 함께 가자고
벌써 저 앞길로 떠나신
든든한 발걸음, 십자가의 기수
오빠 김대건 사제님.
오빠를 부르면
잠자던 온 땅의 나무가 일어서고
멈추었던 파도가 물길을 찾아 떠납니다.
힘줄이 불끈 일어서고
기도의 향내가 첫 땅을 새롭게 내딛는
아! 은은한 첫 새벽의 종소리.
세상의 온갖 소음, 이곳엔 멈추고 무섭지 않아
담대히 그리운 고국이기에
내 조상들이 계신 곳, 부모 형제가 있는 곳
영원한 고향 길, 안내자의 기를 흔들며
한강을 바라보시며 순교하셨습니다.
오라버님
당신이 계시기에 이 땅은 이렇게 굳셉니다.
당신이 계시기에 순례의 길을 찾았습니다.
당신이 계시기에 행복하고 든든합니다.
하느님! 예수님의 기치 아래 서있는
김대건 신부님을
영혼의 오라버니로 주심에 감사드립니다.
아멘.

右盜(우도)의 辯(변)

나는 우도였노라.
우도인 것을 감사할 줄 아는 도둑이노라.
죄의 사슬, 너 도마뱀의 꼬리야, 소멸하거라.

회개한 자의 포상을 걸어 놓고
십자가의 우도는
하얗게 펼쳐진 광활한 골고다 벽두에서
새로운 날갯짓으로 하늘을 난다.

지상을 디디고 서야만 너의 탈을 벗어나고야 말
내려놓음의 새로운 세상으로 가자.
널 위해 가시관을 쓰신 예수, 그 순수 앞에서
골고다 언덕을 찾는데 일생을 걷는 아름다운 사람아

도둑이면 어떠리. 강도면 어떠리.
해체된 가슴을 부둥켜안고
악의 뿌리를 치유하는 너를 사랑하노라.

창조의 호흡이 숨어 새 생명을 낳는
이곳 골고다는 새로운 세상을 여는 시작이었다.

2019.11.28.

저녁 강물

저녁 강물이 나를 부릅니다.
일몰의 시각 너머
바람 찬 갈대는 어둠 속으로 사라지고
수 만년 침묵한 저녁 강물
내 앞에 흐르는 사연은 무엇입니까?

물오리떼 주고 간 깃털 하나
하루를 씻어낸 삽, 그 땀방울이 대견하여라
찬란한 고독,
물 위에 번지는 아파트 불빛
이제 조금씩 심지가 살아납니다.

반달에 정화수 물 채우니
산 너머 개 짖는 소리
살아야 한다고 물처럼 흘러야 한다고
출렁출렁 저녁 강물이 타이르는 소리
물속에 뛰어든 여인을 뭍으로 돌려보냅니다.

저녁 강물의 이름으로!

2004. 서호에서

차가움도 아름다움이어라

고드름이 땅을 내려다보고 있네.
무심한 눈동자 그러나
그 초점 안에서 마주치는 사람은 놀란다.

그렇게 살겠느냐!
그렇게 살겠느냐!

호통 치던 할아버지 회초리도 저리 차가웠지
눈물방울 하나 없이 눈물로 매듭진
긴 세월이 내 앞에 떡 버티고 내려다본다.
눈발이 흰 수염 되어 날린다.

제 눈물로 저를 녹일 때까지
올곧게 뿌리내리는 자존심
차가워도 처마를 떠난 적이 없지
강하고 서늘한 눈매
차가움도 아름다움이어라.

2003. 한겨울밤

카톡을 하며

꿈속의 어린 날
동생이 없어서 조카가 동생이다.
학교가 파하면 달려갔던 군산 째보 선창
내 마음 버려두고 연락선은 떠났다.

뱃전에 파도 쳐도 무섭지 않은 돛단배
보고 싶은 조카 만난 장항부두에서
언니에게 혼나고 엄마한테 야단맞고

아! 야단치던 그 음성 듣고 싶구나.
파도에 파묻혀 영원히 사라졌는가?

오! 이젠
칠순 너머 뱃길 대신 카톡으로 만나자.
조카야.
팔순 너머 뱃길 대신 카톡으로 만나자.
이모야.

2019.10.29. 미국에 사는 조카와 카톡을 하며

호박과 어머니

휴가 가면 말려 놓은 애호박
들깨랑, 보따리에 싸주신 어머니
책받침만한 텃밭에 호박을 심었다.

까칠까칠한 어머니 손길, 호박 줄기
햇볕에 눈 감은,
가냘픈 꽃 위에 그늘을 내린다.

장독 가로질러 장맛 고추장 맛보며
씩씩 척척 뻗어가는 줄기의 대행진
어머니의 그 힘이 집안을 이끌어 가듯이

휘이 휘이 이집 저집 고샅을 돌아서
이야기 호박씨 한 움큼씩 넣은

어머니 호박꽃 초롱
지금 내가 넘는 세상을 따라오시네.

호수 찬가

누구 부르는 이 있어
나 여기 섰는가?

맑고 푸른 네가 아니어도
다시 돌아오는 곳

쉼 없이도 고달프지 않아
빠른 듯 느린 듯

그리 살리라
처음 마음먹은 그때처럼.

흐르는 것은 아름다워라

흐르는 것은 아름다워라
무더운 여름을 보내고도
가을 문턱에
선뜻 올라서지 못하네.

땀방울이 떠나가네.
부채질하던 손도 멎었네.
얼굴 가려도 작열하던 태양
영원하지 않으리.

자꾸 자꾸
내안으로 깊게 들이킨 숨
산소 같은 생명 하나
붙잡고 서 있네.

흙의 노래

무심코 걷다가
문득 흙을 한줌 집었어요.
밟힌 자국마다 조용히 흐느끼는 소리
파르르 떨며 손가락 사이로
빠져 나갑니다.

누구의 살갗으로 빚어 스멀대는 걸까
먼데서 아는 체하며 달려오는 발자국 소리
아슴히 내 안에 와서 머뭅니다.

아직도 가고 있나요
이 길을 밟고 지나갔던 사람들이
우르르 되돌아보며 걸어옵니다.

한 줌의 흙이 사람이란 걸
내가 사람 위를 걸으며
오만의 탈을 벗지 못하는구나.

무언의 인내를 하찮게 보는 인간
세상에 아직 자비가 남았다면
흙아, 당신의 노래도 남았어요.

2004. 길 위에서

덤으로 주시더이다

당신을 따라 나선 길가에
비둘기 울어
장미꽃잎 반짝 눈부셔라.

환해진 기쁨
덤으로 주시더이다.

잡힐 듯 잡힐 듯한 옷자락
안쓰러워 품어주는 가슴
덤으로 주시더이다.

먼 데 구름을 끌어오는 눈길
고향길 사립문 반가워라
평화로 주시더이다.

바랄 것 없는데 없는데
주름진 입가에 사랑의 한 판 승부
미소여, 미소여!

아름다운 섬을 찾아서

아름다운 미지의 섬을 찾아서
닻을 올린다.

당신에게도 다가오는 손짓
태어날 때부터 이미 찾아가는 곳

파도는 언제나 호수에 살고 있어
베드로의 손처럼 내어놓는다.

"주님, 제 손도 잡아주세요."
변할 수 없는 진리의 파도 위에

당신의 눈빛만 바라보며
아름다운 섬에 닻을 내린다.

2부

영혼의 꽃 편지

보랏빛 촛불

보랏빛 엽서 띄운 분은 당신입니까?
내 가슴에 은은한 불을 붙이신 분은 당신입니까?
이 가을에 충만한 기쁨 하나

이 골목 저 골목 뒤척이다가 달려 나오니
가을 추수도 저만치 멀어졌는데
빈들에 불 켜진 촛불 하나

솔향기 쌓인 제단에
두 손 모은 인간의 간절함이여!
이제 가슴에 보랏빛 촛불을 켜야 할 때

바삐 달려오는 눈부신 소식
솔향기에 온 몸을 헹구면
골목을 쓸고 있는 빗자루도 제자리.

어서 오소서!
오, 주님! 기다리고 있나이다.

2020.11.29. 대림절

5월의 마지막 편지

성모 마리아님, 편지가 늦어서 죄송해요. 유다 산골을 걸어서, 걸어서 엘리자벳 언니를 만날 때까지 도착하리라 믿어요.

세상은 녹색의 화원, 펜과 종이가 없어도 어느 곳이나 책상과 우체통이 있는 마을. 단비를 보내주시어 행복해진 농부들의 흐뭇한 마음도 보냅니다.

태국 베트남 중국 일본 둥지에서 시집온 아낙들의 산월이 가까워 미역도 사오고 아기신도 사는 풍경. 여인에게 주신 하느님의 섭리를 묵상하기에 더할 나위 없는 기쁨이 솟았어요.

가브리엘 천사를 만나 뵙고 하늘처럼 넓은 마음으로 시작하시는 인류의 구원사업. 저에게, 이주 여성들에게 태어날 아이들이 이 땅에서 자랑스럽게 살아갈 앞날을 위해 협력자로 보내주시어 감사드립니다.

성모님 감사드립니다. 이 좋은 계절에 세상의 모든 사람들에게 행복의 기쁜 소식을 주시어 감사합니다.

성탄제

하늘이시여
아기 예수님 탄생한 날은
하늘에서 함박눈을 보내주소서.

가난한 이의 지붕,
부유한 이의 빌딩,
구별 없는 사랑은 당신이십니다.

총부리, 폭탄, 전투기
바다의 군함에까지 하얗게 덮어주소서.

세상의 시기와 갈등
전쟁전야의
무서운 마음을 하얗게 변화시켜 주소서

아기 예수님 누우실 곳 없는 이 땅에
오늘도 가슴 조이며 기도합니다.

성탄날 아침 구유 앞에서 드린 평화의 기도
영원한 기도를 받아주소서.

사부곡
 - 3월 요셉 성인의 노래

훈훈한 봄바람
매화 문패인 양
이 세월 헤치고 서 계시네.

아버지, 하늘의 뜻이라면
내 생명 다 바치리라.
일생을 묵묵히
대패로 다듬으며
예수와 마리아와 함께
녹아버린 삶.

숨어서 바람처럼 빛처럼
눈에도 귀에도 보이지 않지만
여기 산소가 퐁퐁 샘솟는 분.

훈훈한 봄바람 매화
집집마다 아버지로
서 계시는 아버지,
요셉 할아버지.

2021.3.21. 수원에서

아기 예수님께

아기 예수님 어서 오세요.
성탄을 축하드립니다.
올 한해 정말 코로나19로 힘들었어요.

천식 앓는 저는
마스크 쓰기도 힘든 세월을 보내고 있어요.
처음엔
인간의 탐욕이 그들 사는 곳을 개간했지요.
살 곳이 없어진 그들은
우리와 함께 살자고
지구 전체를, 아니 간 곳 없이 차지했어요.
눈으로 현미경으로도 보이지 않는
아주 작음의 무리가

하느님,
당신의 아들 아기 예수님이 이 땅에 오자
우리에겐 두려움이 사라졌고,
빛이 어두움을 몰아내고 있어요.

히즈키야의 발병을 물리치고 치유하시듯
인간의 잘못을 용서하고
지는 해를 따라 내려갔던
아하즈의 해시계의 그림자를
'내가 열 칸 뒤로 돌리겠다' 하소서.

80세 이상의 노인들을
함부로 보는 이런 나쁜 악마를
그냥 두어서는 절대로 안 됩니다.
노인이 이룩한 젊은 날의 기적을 잊지 마소서.
아기 예수 오신 날, 당신을 사랑하는 노인이 씀.

> 주님의 말씀이 성실한 히즈키야의 통곡을 듣고
> 지는 해를 열 칸 뒤로 돌려주시기를 간청합니다.
> 2020.12.25.

새로이 태어난 사람아

은총의 3천년, 환희의 대희년
죽음을 껴안았던 크나큰 사랑이여
파도치는 동해
그 새벽녘의 태양처럼
여기 승리자 예수님 부활하셨네.

손과 발에 박힌 못
온 몸을 감았던 죽음의 옷
모두 다 떨치고
빛으로 오신 이여

무덤 앞의 그 큰 돌은
누가 치웠을까?
차라리 갈릴레아로 가서
그물이나 칠거나.
어둠의 소리
지평선 너머로 깊이 잠재울거나.

창과 칼이 끝난 세상에서
한 알의 씨앗으로 움트셨어라.

바야흐로 대지엔 서곡이 흐르고
향유 붓듯

이제 낮은 곳에 앉아 기도하는
제비꽃처럼
당신은 늘 새로이 태어나시다.

                2000.4.23. 가톨릭신문 '축 부활 특집 21'에 발표

메리워드 날에

하늘가는 길가에 다소곳이 핀 꽃들, 나는 메리워드의 길을 따라갑니다. 갈릴레아 호수 위 "오너라" 손 내미시는 예수님! 덤벙덤벙 빠지면서 다시 일어나 주님 눈빛만 바라보며 따라갑니다.

우어강가에서 물장구치며 놀던 당신의 어린 시절, 하느님 따르느라 긴 여정으로 닳아진 낡은 구두, 넓고 큰 바람맞이 모자, 자매들과 소식을 전하던 레몬 편지의 감옥 여정, 더 큰 고통 앞에서도 움츠리지 않았던 세기의 여성, 당신은 오늘 우리의 심볼로 자리매김했습니다. 400여 년을 흐르는 정의, 자유, 성실로 살아내는 수많은 후예들은 예수님의 사랑과 믿음에 힘입어 오늘도 살아갑니다.

시대에 앞선 큰 발자국 지워지지 않도록
오늘도 당신의 마음으로
당신의 터전에 사랑을 심습니다.
오, 주여!
메리워드, 우리와 함께 하시어 세상 끝 날까지,
하늘나라 잔칫상에 함께 하는 날까지
온 세상이 평화의 나날이 되길 기도합니다.

2017.3.23. 온정선 수녀 올림

기도의 산
- 고 박고안 신부님께

내 뜨락에 큰 산 하나
혼자서 기도할 수 있는
기쁨 하나 던져준 산이여!

세상 안에 살아도
하늘가는 길가에 서있는 이
사랑의 다독임으로
고해성사의 맑음으로
어둠에 지지 않게 기도를 함이니

떠나심은
부활을 맞이하는 영광
십년 세월이 흘러도, 또 흘러도
기도의 향기는
세상 종말까지 영원하리라.

큰 신부님 영전에
존경하는 마음만 올립니다.

하늘의 소리, 땅에서도 크셨어라
- 고 경갑룡 요셉 주교님 영전에

사랑하는 내 나라, 내 조국, 대한민국의 한복판 한밭
크게, 높게, 넓게, 깊게 하늘의 터 마련하신 주교님.
이제 하늘의 소리 모시고 떠나시렵니까?

보석보다 빛나시는 말씀 한 마디 한마디
"목소리 쩌렁쩌렁 크시니 오래 오래 살으시겠다."
성모학교 개교미사에 모인 초등학교 어린이들,
장성한 중년을 넘었으니
그 예언이 적중하신 걸까요?
"성부와 성자와 성령의 이름으로 아멘."
신자 아닌 아이들도 주교님 목소리 흉내 내기 시합,
크게, 크게, 소리 질러, 소리 질러
자리 보존한 중환자까지 기적처럼
침대를 박차고 일어나 창가로 모여든 성모병원 환자들.

잠에서 깨어나라,
죽음에서 깨어나라,
나태에서 깨어나라,
주님 오실 날이 가까이 왔다.
세례자 요한의 길 닦는 목소리.
존경하올 경 요셉 주교님.
정말 예수님 오실 길을 닦으신 또 한 분의 외침이어라.

겨울 땅속의 개나리 제비꽃 냉이 꽃들이여!
크신 님 떠나시는 길, 향 내음 풍기어라.
"수녀, 왜 『냉이꽃만한 소망』인가?"
제 첫 시집의 제목을 물으시고 칭찬하셨지요.
땅속과 땅위를 넘나들며 죽음의 겨울을 인내하고
봄에 부활하여 싸한 내음,
하얀 소금꽃 뿌리면서
삼각열매 삼위일체 맺어낸 나의 소망 한 줌.

'수도자의 길목에서' 가톨릭 신문 연재에 관심을 가지시고
재미있게 썼어요.
칭찬을 아낌없이 주셨던 다정하신 주교님
진산에 계실 때 찾아뵙고,
대전을 떠난 후 소원한 잘못을 용서하소서.
지상에 남기시고 떠나신
크신 하늘의 목소리로 칭찬을 아끼지 않으신 사랑.
영혼 안에 자리 잡았습니다.

안녕히 가십시오.
하늘에서도 큰 목소리가 필요하나 봅니다.
성모 교정에 들어서면 아니,
어느 곳에서나 울려 퍼지는 음성,
성부와 성자와 성신의 이름으로 아멘.

2020.12.17. 수원에서 온정선 수녀 올림

하늘이 열리며
- 온승현 바오로 사제 서품 축하시

하늘에서 이슬 내려 땅을 적시듯
하늘의 영이 사람을 휘감는 날이여!
제대 앞에 엎드려 천사 앞에서
하늘의 시중을 받으며
새로이 태어난 사제여!

미소에도 님의 넋이 묻어
미소의 사도로

안수의 손길마다 님 향기 묻어
향기의 사도로

슬픔을 기쁨으로 바꾸는
기쁨의 사도로

논쟁을 녹여내는
해빙의 사도로

가난한 이와 벗하는
풍요의 여신으로

험담할 시간에 하늘을 보는
해바라기로

주님과 늘 대화하는
다정한 친구로

당신을 만나는 사람은
행운입니다.
당신은 그런 사제입니다.

온승현 바오로 명동성당 사제서품을
온정선 할머니 라파엘라 수녀 씀
2022.1.28. 오후 2시

그 큰 자리가 강물이 되어
- 고 박기주 안눈시아따 수녀님 영전에

떠나가신 당신을
잊자고, 잊어버리자고, 눈물 뿌리고 돌아선 날
그 큰 자리가 강물이 되어
되돌아왔습니다.

평범했던 일상이 큰 축복인 것을
뒤늦게 깨달아 붙잡으러 뒤쫓아 가니
당신의 흔적은 파란 하늘뿐이었습니다.

올곧게 메리워드 후예답게
큰 대자로 세기의 한 획을 그었던 삶
아! 닿을 길 없는 영성의 길
그 굳센 정열의 지상 여정은
십자가상 예수님의 모습이었습니다.

교장으로 관구장으로
예수수도회 총장님으로 평수녀로
수도회의 앞날 수녀들의 일상을 염려하시던
아낌없는 사랑의 격려
마지막까지 하느님을 향한 열정
선교사로서 중국을 사랑하심이 남다르셨습니다.

하느님 안으로 이끌었던 수많은 사람들.

당신은 한 분 한 분 기억하실 겁니다.
바오로 사도처럼 가시 하나 온몸에 지니셨어도
단 한번 병마에 져버린 순간 없이
당당히 도도하게 맞섰던 당신
아낌없이 박수를 보냅니다.

당신은 우리의 모델이었습니다.
확신에 찬 천국을 체험케 했습니다.
죽음을 두려워하지 않게 하셨습니다.
수도자로의 한 생애 시작과 마침을 가르쳤습니다.

떠나셨어도 참 많은 것을 화두로 남기셨고
당신의 시선이 수도회의 빛으로 지상을 밝히리라 믿습니다.
그리던 하늘나라에서 다시 뵈올 때까지 안녕히 계십시오.

오! 하느님 사랑합니다.
아! 박기주 안눈시아따 수녀님 사랑합니다.

2011.12.31. 온정선 수녀 올림

글로리아 송가
- 고 김영자 글로리아 수녀님 영전에

하늘이시여!
이 무례함을 용서하소서.
갑자기 맞는 우리의 슬픔도 헤아리소서.

아기 예수님 탄생 연주자로
우리 글로리아 수녀님을 뽑아가셨나요?

피정자를 위해 스스로 성가를 연주하시는 수녀님을
"보시니 참 좋아"
천상탄일에 글로리아송에 선택하셨나요?

철부지 우리는 알 길이 없어 갑작스런 부르심에
큰 슬픔뿐, 멍한 가슴과 울음뿐

칠십 평생 뼈마디마다 수도 가족 위해 살기
당신은 다른 사람 수도복 늘려주기
옷걸이 만들기
속옷 박아주기

옷을 정리하면서 감사할 사람 찾아
인사나누기 해로 정했는데
한발 늦었네요.
아쉽고 아쉬워라, 지금이라도 "고맙습니다."
당신의 영전에 올립니다.

사순절이 오면
제일 먼저 "메리워드와 함께 가는 십자의 길"을
십사처마다 기도하시며 메리워드를 그리워하셨지요.
천상에서 만나시어 기뻐하소서.

이젠 지상의 일은 접고, 하느님 품에서
행복하세요. 당신은 진정 수도자로 살았어요.
안녕히 가세요. 만나 뵐 때까지.

"메리워드와 함께 가는 십자의 길"
온정선 수녀가 만든 작은 프린트입니다.
2021.12.12. 온정선 올림

예수님의 눈물
- 고 최은숙 세실리아 수녀님 영전에

아버지 하느님.
우리 수녀 떠나는 날, 하얀 눈을 내려주소서.
잠시 세상을 하얀 포로 덮어주소서.
헤어지는 이 길이 얼마나 가슴 아프면
하늘나라를 만들어 주셨을까요.

이 겨울 눈길이 얼마나 차가우면
더운 햇살을 눈부시게 뿌려주셨을까요.
슬픔이 얼마나 아팠으면
그의 아들을 살려내셨을까요.
나는 보았어요. 예수님의 눈물을
모든 인생을 손잡으시는 손길을

예수수도회 23년 머물었던 대한민국의 한밭이여!
하늘 길 꿈속으로 와 주신 박기주 선배 수녀님,
후배 수녀 길잡이로 꼭 잡고 가셔요.

지상의 일 접으신 일, 알 길이 없어라.
대전 공부방 어린이들 영어 노래와 무용
아담한 몸매, 예쁜 얼굴, 상냥한 모습
난 오늘도 잊을 수 없어 아파트 창가에 서서 가만히
최은숙 세실리아 불러봅니다.

대전 성모병원 입구에서 온몸을 감싼 채 네 모습
아, 이것이 우리의 인생이었구나.
언젠가 나도 우리도 가야할 마지막 길임을
그땐 왜 몰랐을까.
다정한 말 한마디, 손 잡아주지 못한
미소 한번 보내지 못한 야속함이여!

오늘은 네 차례, 내일은 내 차례,
다 버리고 홀홀 하늘의 길을 저 철새처럼 가거라.
지상은 짧지만 영원을 향하는 길
모두 다시 만나는 날,
메리워드의 후예로 살다가 왔노라
즐겁게 살다가, 소풍 갔다가 돌아왔노라 하소서.
부디 안녕히 잘 가세요. 지상이여! 안녕.

2021.1.7. 수원에서 온정선 수녀

제비꽃처럼
- 고 남계순 클레멘시아 수녀님 영전에

봄이 오면 제일 먼저
숨어서 피는 제비꽃처럼
그윽한 눈빛으로 조용히 다가서는
남계순 클레멘시아 수녀님

세상 떠나시는 길
말없는 꽃들도 봄 향기 소리 없이
향불을 피웠습니다.

예수님 가시는 길처럼 저리 바삐 가시는 당신
잡을 수도 없고 보낼 수밖에 없어라.
꾸밈이 없이 있는 그대의 모습으로
메리워드 정신을 몸소 살아온 수도의 길

당신이 계시어 우리 모두는 행복했습니다.
창설자의 정신을 안으로 밖으로 몸소 살으시어
때로는 열정과 굳셈을 키워내어
피곤함도 잊으시고
탈대로 다 다 연소시켰습니다.

하느님께 가는 길, 방해되는 것 다 뿌리치고
그리운 내님 찾아 이리 바삐 떠나시나요?

살아온 날들이 아름다워라.
떠나서도 우리는 잊을 수 없는 당신이기에
한 아름 가슴 속에 새겨두렵니다.

만나는 날을 기약하는 지상의 인연들
부디 안녕히 가셔요.
메리워드 후예로서 참 잘 살았다고 칭찬하실 주님,
님 찾아 떠나시는 날까지,
우리 다시 만날 때까지,
안녕히 가십시오.

2019.4.12. 온정선 라파엘라 수녀

아가
- 메리워드의 가장 아름다운 노래

내 사랑 아가야
우리 아가에게 새싹이 송송 돋아
하느님 화원에 뿌리를 내렸구나.

억만 꽃송이보다 예쁜 내 아가야
꽃신 신고 이곳저곳 아장아장 걸을 때
언니인 고목, 소나무, 대나무, 가시덤불도
기쁨에 취해 박수를 치며
사랑의 안동네 길을 다듬고, 다듬고 했었지.

난 알았지, 감사했지.
살랑 살랑 춤도 추웠지.
세상이 험하여
하느님의 화원에 씨앗이 메말라
슬펐지만 우린 알아요, 하느님의 계획을.

아가야, 사랑하는 아가야
나를 껴안아 볼에 부비고
너를 등에 업어 어부바를 하고
너를 껴안아 세상에 외치는 이 함성.

귀 있는 사람은 들어보아요.
눈 있는 사람은 바라보아요.
목소리에 맞추어 외치세요.

하느님의 입김을 받은 내 사랑 아가야
튼튼 씩씩 무럭무럭 자라다오.
레바론의 향기 같은 내 신부야.

박미희 미카엘라 착복,
박영민 루이제 수녀 기간서원을 축하하며
2021.1.21. 수원에서

수줍은 겨자씨 큰 나무되어
- 박의열(엘리자벳) 수녀님 회경축에

하느님의 계획을 그 누가 숨길 수 있으리오.
만 천하에 펼쳐진 오늘 예수수도회 날이여!
여기 메리워드의 후예를 보아라.
얼마나 자랑스럽고 행복한 우리들인가요.

한 처음 수줍은 겨자씨 하나,
먼 이국땅 메리워드 화원에 심었다네.
조선치마 저고리에 족도리 조선 춤에 놀란 이들
한국을 처음 본 듯 기뻐하며 박수 치던 곳.
아! 잊으리 어찌 잊으리오.
또 하나의 나의 조국.
신앙의 발원지여!
예수수도회의 모태여!
봇물 터지듯 쏟아지는 성령의 발원지여!

어언 60주년을 맞이하시는
박의열(엘리자벳)수녀님
하느님의 역사가 시작되던 곳.
메리워드의 삶을 길러 오신 곳.
예수님 사랑을 가슴에 품고, 머리에도 이고,
먼먼 바닷길 하늘길 천상의 길을 걸어
한국 땅에 옮겨 놓으신 분

오늘 당신이 아니셨으면 큰일 날 뻔한 일을
그 어린 나이에 이루었어요.

용감하고 대담한 메리워드의 정신으로
수련시켜 주시어
오늘의 한국 예수회는
하느님의 사랑받는 수도회로 성장하였어라.
철부지들을 잘 타이르시고 다독이며 길러 주시어
진정 감사합니다.
고맙습니다.
수줍은 겨자씨 안에
하느님께서 참 많은 인내와 건강과 겸손을 주시어
평화롭고 아름답게 살아오셨습니다.

다시 한 번 축하드립니다.
주님 안에 늘 건강하소서
메리워드의 후예시여!

2017.6.6. 온정선(7기) 수녀 올림

보름달로 떠서
- 장영선 관구장 수녀님 축일을 축하드리며

당신은 보름달이에요.
뒷동산에 둥실 떠오르지 않아도
어둠을 밀어내며 빛으로 둥실 뜬 당신
우리 곁에 숨 쉬며 살아있는 보름달

그렇게 우린 서로에게 보름달로 떴어요.
때로는 몸살을 앓는 그믐달
온 식구가 찬 기운에 몸살을 앓지만
아낌없이 주는 하느님의 체온
다시 차오른 달빛이여!

살며시 내미는 초승의 버선발
아! 새싹을 향해 두근거리는 가슴
야호! 일어나 비추어라, 둥글게 넓은 가슴으로

오늘 메리워드 동산에 둥실 떠오르는 당신
달아달아 밝은 달아
성모님이 놀던 달아
저기저기 저 달 속에, 우리 모두 춤추며
기도하며 살아가세.

2019.9.17. 온정선 수녀 올림

한번 핀 꽃은

한번 핀 꽃은
비바람이 불어도 꽃비가 되어 춤추더이다.

축하의 한마당에 대견한 박수소리, 기도의 합장
코로나19로도 우리의 길을 막지 못하리니
태곳적부터 이미 하느님 계획안에서 축성된 사람들
썩 물렀거라, 내가 간다. 우리가 간다.
하느님의 길을 간다.
메리워드의 길을 간다.

너 사람아! 예수님 앞에서
승리의 깃대를 높여라. 북들을 쳐라. 둥둥
살아온 나날들이 들러리 서듯 따라오네.
감사의 향기를 가슴 가득히 품고
막을 자 있으랴 하늘의 길을
대적할 자 있으랴, 천상의 노랫소리.

가는 길가마다 축복하는 붉은 찔레, 흰 찔레꽃
장미의 향기야
너마저 이 축제를 빛내고 있느냐!

금경축을 맞이하시는 박옥자 수녀님
은경축을 맞이하시는 박미희 수녀님, 박은희 수녀님, 이계현 수녀님, 고미경 수녀님
2020.6.5. 온정선 수녀 올림

감사합니다

고 온수선 헬레나 언니를 위해 기도해 주셔서 감사드립니다. 하느님 품에 안기신 언니 헬레나님은 제가 수녀임을 자랑스러워했고, 우리 집안의 유일한 신자로서, 저에게 많은 기쁨을 주신 분입니다.

언니의 기대만큼 못 살아온 제가 부끄러워 이 자리를 빌려 용서를 청합니다. 유언의 한마디 "행복했어요." 그 말씀이 나오도록 살아오신 언니 자랑스럽습니다. 관구장 수녀님, 모든 수녀님, 고맙습니다.

2016.9.17. 온정선 라파엘라 수녀 올림

삶의 화덕에서

나는 불을 지폈다.
타닥타닥 타오르는 불꽃에
나의 청춘을 태워버렸다.

단 한번인데 의미가 있구나. 아깝지 않는 건 불꽃 속에 있는 나, 모세도 부잣집 앞에 앉아있는 거지도 마찬가지다. 강한 바람이다. 흔들리지 않는 불꽃 속에 있는 나, 탈 수 있는 화덕이 있어 얼마나 큰 행복인가

아주 작은 일이지만 군고구마로 누군가의 입을 달콤히 덮어 주었고, 아픈 다리의 통증을 잠재우고 앙앙 울어대는 아가의 울음이 뚝 그쳤다. 삶의 화덕을 지피는 이들이여! 우리의 청춘을 불사르는 이여! 세상의 성냥이 없어도 무엇이든 태울 수 있는 이여!

오직 하느님만, 예수님만, 메리워드님만
너는 그 속에서 활활 타오를 뿐이다.
재가 될 때까지.

금경축을 축하합니다.
권경자 수녀님, 이미숙 수녀님, 김귀순 수녀님, 현순이 수녀님, 황순자 수녀님
은경축을 축하합니다.
김연아 수녀님, 김명희 수녀님, 조정화 수녀님, 장영희 수녀님
2019.6.4. 온정선 올림

아름다운 동행

우리의 만남은 우리 생애 최고의 행운
당신의 시선은 은화살도 금화살도 아닌
하느님의 눈빛이었네.

마음의 벗선 발, 엮어온 세월
두 발로 달려와 만나는 당신
아직 알아내지 못한 세계로 한 걸음씩
서로를 이끌었네.
오! 예수여! 아멘. 메리워드여!

차마 잊으리요.
1971년 1월 18일. 수도회 첫발을 내딛는 날,
3층 지원소가 떠나갈 듯한 웃음소리
수녀들도 저렇게 큰 소리로 웃는구나.
질세라 웃고 노래하고 춤추던 지원자 시절.
아! 이젠 수십 년이 흘러 최향선 수녀님
송윤희 수녀님의 회경축일이네요.

똑똑, 글이 쓰고 싶어서 찾아뵙는 날
쾌히 승낙한 한 마디가 글이 되고 마음이 되었네.
성무일도 기도할 때 윗면을 넘기세요.
지금 여기에 예수님이

뒷담화 하는 네 곁에 계신다면,
꿀 같은 입단속 말씀.

아! 차마 잊으리오.
그대 있음에 저 푸른 하늘이 푸르고 맑은 호수더라.
그대 있음에 새가 되어 나는 온갖 생물이 보이더라.
그대 있음에 자음 모음 시가 되고 노래가 되더라.
아, 세상이 내 곁에 와서 속삭이던 말들
진리 하나 가슴에 촛불로 남아 오늘을 살게 하는데

예수수도회 초창기 최향선 지원장 수녀님
새싹 키우기, 수련장 수련생 가꾸기
메리워드 후예 관구장으로 평생 몸 바쳐 수고함이여!
백의의 천사, 병든 이의 선구자로
나환우의 기쁜 소식 치료자며 전달자
최향선 송윤희 수녀님
다시 한 번 축하와 감사기도 올립니다.

> 회경축 송윤희 수녀님, 최향선 수녀님 두 분과 함께
> 금경축 김옥자 수녀님
> 은경축 이영미 수녀님, 신귀남 수녀님, 이인숙 수녀님, 임효정 수녀님
> 축하드립니다.
> 코로나로 못 뵙는 온정선 수녀 올립니다.
> 2021.6.6.

님의 꾀임에 빠진 자여
- 송인경 안젤라 수녀, 정은애 안나 수녀 종신서원을 축하하며

딸아!
희소식을 전하는 발길이
산을 넘어, 넘어 달려오는구나.

딸아! 귀여운 내 아기야.
님의 꾀임에 넘어간 줄을
십년 만에 알아내고,
놀라지도 않고 감격하는 것은
줄넘기 하듯
폴짝 뛰어
덫에 걸리지 않은 탓이다.

보지 못하는 눈,
듣지 못하는 귀 버리고
마음 속 또 하나
사는 마을의 소쿠리에
하나 가득
네 마음 새하얗게 씻어 담아라.

오가는 바람 빨아서
햇볕에 두루 뒤적이고
그 바람 널 꼭꼭 껴안아
그늘로 들어서지 말고
맑고 휘영청 달빛 아래 서라

그리고 외치는 이의 소리
사랑하는 나의 님
여기 내 안에
보름달로 떴다고.

2020.1.20.

내 사랑 하이꼬

너를 떠나보내는 이 아침
그 먼 곳에서 날아온 까치 한 마리
유독 성모님을 사랑하던 너였기에
성모님 품안에 폭 안겼구나.

열아홉 나이,
서독 간호사로 떠나간 내 조카 헬렌
외롭고 의지할 곳 없는 타국
다독이며 감싸주었던 생의 동반자
두 딸의 아버지,
다섯 손자 손녀의 할아버지였네.

부서질세라,
금갈라,
스티로폼 구석구석 메꾸어
고모 수녀 기도하라고 한국까지 보내온
성모자상, 성모상
기도 묻은 손길에
너는 이미 구원받았구나.

성모상 곁에 한국의 무궁화를 키우고
태극기 독일기,
다정히 펄럭이는 너의 정원

그 먼 곳까지 초대해주더니
그 만남이 마지막이었구나.

하이꼬, 헬렌을 두고 어찌 눈 감았을까?
성모님 가슴,
예수님 품고 사시듯
헬렌은 하느님을 품었단다.
남기고 간 몫,
헬렌이 굳게 일어나 지키리라 믿어요.
부디 영원한 하늘나라에서
영원한 안식을 누리소서. 아멘.

      2019.3.1. 독일 하이코(헬렌 남편) 사망 1주기에
                 2020.5.18.

캄보디아 여인

팔라씨, 당신은 한국 사람에게 시집온
캄보디아 23세의 여인
중키에 싱싱한 사과 볼
귀여운 미소가 떠나지 않는
휘파람 불며 자전거 타는 멋있는 여자
아! 당신 오늘 한글 배우러 오는 날이에요.
아 에 이 오 우 모음부터 발음하고
세종대왕님께서 만드신 훈민정음 안으로.
참 배우기 좋아요.
자음 모음을 조립하고 받침까지 붙이는
선수가 되어 가다니 정말 장하십니다.
여자 닭 남자 닭에서 조금 있으면
암탉 수탉임을 알게 되지요. 팔라씨
시어머니가 한국어 시간 꼭꼭 챙겨 보내고
남편의 귀여움 독차지하는 여인
캄보디아에서
대한민국의 아낙이기를 선택한 여인
땅에 뿌리내리듯 굳게 살아가기를 기도하며
자! 안녕하세요? 캄보디아에서 온 팔라예요.
정말 잘 읽고 대답도 잘했어요.

쌍천의 정신

저 넓은 들녘을 바라보노라면
들려오는 내 님의 발자국 소리
아픈 이의 치유자 어버이시라.
내 몸보다 이웃을 사랑하신 길
영원히 잊지 않으리 쌍천의 정신

저 넓은 바다를 바라보노라면
떠오르는 내 님의 따스한 손길
온 몸을 불살라 등대로 서서
내 몸보다 이웃을 사랑하신 길
영원히 잊지 않으리 쌍천의 정신.

한국의 슈바이처 쌍천 이영춘 박사(농촌 지도자 군산 개정병원 창설자)
추모 합창곡

쟈스민 손녀야

쟈스민!
자랑스러운 손녀야!
너는 한국과 독일 사이에서 태어난
나의 손녀.

베를린 공항에서
그 많은 여행객 중 나를 알아본 너
우리 안에는 한국의 피가 흐르고
된장 냄새가 있다.
네가 좋아하는 김치의 맛도
아침엔 버터보다 콩나물국에 밥 말아 먹는 너

동문인 베를린 시장의 초대,
고등학생 시절,
박사들 교수들과 어깨를 겨누며
의대생이면서 과학부문 당선 연구자로 발탁된
자랑스런 내 손녀 쟈스민.
고등학교시절 러시아 초대 연구 발표도 하였지.

너를 키워준 독일과 한국
무엇보다 너의 어머니를 생각하여라.
유창한 한국어 구사하기 정말 힘들었지?
엄마의 열성이 오늘의 너를 만들었구나.

물 한 잔 속의 산소에 머리를 맞댄 너의 연구
산소를 통한 새로운 세계를 오늘도 열고 있지
숨쉬기 어려운 이 세상에서 힘껏 날아라.
모든 이를 위하여.

2014.7.18. 베를린에서

첫영성체 날
- 보미의 첫영성체를 축하하며

마리아야.
너에게 어머니가 생겼구나.
오늘 하늘의 아버지, 어머니를 만나는 날
예수님 가슴에 안겨라, 성모님 품에 안겨라.
잃어버린 어린 날의 시간
한꺼번에 메꾸어 줄 축복의 날
맘껏 기뻐하고 행복하여라.
마음앓이에 멍이 든 구멍들
한 송이 두 송이 장미꽃 향기로 메꾸고
축복의 화관으로 채워주시는 하느님
이젠 하느님의 딸로 태어났구나!
창창한 꽃길만 걸어라.
힘찬 첫발 세상을 향하여 걸어라.
굳센 믿음을 받았으니
진흙인들 두려움이 있겠느냐?
너의 수호천사들이 인도한단다.
마리아야, 예수님 손잡고 한 걸음
성모님 품에서 한 걸음
감사의 기도를 하면서 자라렴.

2021.2.20. 메리워드 공부방에서

2월의 손 편지
- 이학례 수녀님께

정신을 차려보니 어허 2월이네요.
친구야 안녕, 코로나로 힘들지
만나지 못해서 카톡
소식, 걱정, 기쁨, 슬픔
카톡으로 소통한 세월.

상큼한 차가움 손에 묻혀가며
2월엔 손 편지를 쓴다.
조금씩 정리해 가는 서로를 전한다.

소임 떠나는 짐, 싸고 붙이고 버리기
한 세월 카톡엔 넘쳐 흘러내리는데
2월엔 손 편지를 쓴다.

떠나도 잊히지 않는 우리 삶.
떠나간 수녀님 방문 앞을 오가며
구부정한 허리 성당길 오르막길
이젠 한 폭의 그림엽서다.

2월엔 손 편지를 쓴다.

2021.2.7.

수선화에게 보낸 편지
- 사순절에

오늘 너에게 이 편지를 보낸다. 겨울 내내 담 밑에서 숨어 살았던 너, 우선은 내가 추워서 널 생각 않고, 다시 피어날 그리운 날을 떠올리지도 못했구나. 미안하다. 그런 나에게 손을 내미는 너의 노란 리본의 소식이 지금 나를 흔들고 있다. 무관심을 관심으로 이끌어 낸 너에게 박수를 보내고 있단다. 노란 네 웃음을 폰에 담으려고 바라보니, 너의 편안 모습이 감동이구나. 스스로 구김살 없이 하늘을 향해 있는 그대로의 모습, 보이는 대로 존재하고.

아! 이 나이 먹어서야 깨닫게 되는 자신의 삶을 바라본단다. 누구에게나 긴긴 땅속의 겨울이 있었지. 그 곳이 있었기에 겨울 흙을 뚫고 나오는 승리의 미소가 있는 게 아닌가? "예수님은 돌을 던지려는 유다인들의 손을 벗어나, 요르단 강 건너편 요한이 전에 세례를 주던 곳으로 물러가시어 그곳에 머무셨다." 십자가의 죽음만이 당신의 길임을 아시기에, 하느님의 길로 살아오신 날들을 한잎 두잎 펼치시는 시간이리라.

예수님은 죽음이, 죽음이 아니라 부활로 가시는 십자가의 길임을 아셨다. 나에게도 이 사순절의 막바지에 삶의 발자국을 펼쳐보고 싶다. 살아온 날들을 하느님의 길에 펼쳐보는 나름대로의 삶을 지켜보고 싶다.

교황님의 가방

아버지께서 이 땅에 첫발을 내딛었을 때
우리는 얼마나 놀라고 기뻤던가
우리의 가슴은 녹아내리고
빙하처럼 굳었던 마음은 떠내려갔던가

미소를 가득 담은 풍채
어찌하면 저리 평화로운가
빛인 양 맑은 보석의 눈빛
두툼한 두 손은 세계의 평화를 간구하셨나니

아버지를 만난 사람마다
음성을 듣는 사람마다
슬픔 중에도 기쁨을 찾았으리니
원망 중에도 용서의 씨앗을 가꾸었으리니

가득하여라! 하늘의 영광이여!
아버지께서 이 땅을 떠나실 때 나는 보았네.
해어진 가방에 가득 담긴 이 땅의 소망을
젊은이의 꿈과 사랑의 씨앗을.

부모님 전 상서

바오로 아버지, 아가다 어머니
하늘 길로 떠나신 지 어언 수십 년이 흘렀습니다.
이젠 까마득한 거리
그 동안 하느님 품안에서 안녕하오신지요?
이 여식 두 분 살아오신 세월만큼 살아왔습니다.
흰 머리 소복하고, 허리는 굽었습니다.
그리도 못 잊어하신 당신들의 막내딸
하느님 딸로 거듭 태어나 기쁜 나날을 보냅니다.
유산으로 남겨주신 아버님 맨손체조
그 정신력을 잊지 않고 수련합니다.
어머님의 초가을 애호박 무침
그 맛을 찾아 이웃과 웃음까지 나눕니다.
바오로 아버지, 아가다 어머니
손목에 끼워드린 묵주알을 지금도 돌리시나요?
다시 만나 뵐 때까지 천사들과 행복하세요.

3부

들녘의 기도

5월의 찬가
- 노수녀의 일기 31

5월이 되면
당신이 계셔서 온 세상이 더 푸릅니다.
당신 이름을 떠올리면 몸과 마음이 아름다워집니다.
불러도 또 불러 봐도 닳지 않는 이름
어머니 성모님이시여!
한 생애 파도치면 물결로, 평탄하면 잔잔한 호수로
작은 배 한 척 띄워 주신 이
당신이 계셔서 지나온 인생은 축복이었습니다.
당신이 계셔서 남은 세월도 축복으로 남겠지요.
검은 머리 파뿌리가 되어도
어린 날은 어린이로 함께 뛰며,
청춘은 혈기로 꽃 피우고
중년은 진중한 기도로
노년은 정리하는 부르심에 발맞추며 살아가는 삶.
이젠 날짜를 버리렵니다.
장미는 향기로 응답하고, 새들은 춤추며 노래하네.
아! 나 무엇으로 당신께 갚사오리!
마냥 벌린 당신의 두 팔은 얼마나 아픈 기쁨인지요?
오늘은 예수님을 안았던 성모님의 가슴에 안깁니다.
당신이 계셔서 세상은 더욱 밝아집니다.
5월의 여왕 성모님이여!

8월의 크리스마스

우리는 어디서부터 만났을까요.
목동은 목동대로 양치는 벌판에서
별을 헤아리는 점성가는 별빛에서
나는 눈부신 영성체로
아! 8월의 크리스마스여!

재잘거리는 어린이의 옥구슬 속에서
천둥소리에 이사 가는 개미떼
도라지 도란도란 풀 섶에서
첫새벽 대지를 세수하는 안개
아! 8월의 이 땅, 이 대지여!

내가 선 이 땅, 내 조국 , 대한민국
넘치듯 파도가 밀려와도
나는 믿노니 나의 사랑이여, 희망이여
주님의 옷자락 깃발로 세워
흔들리는 8월의 갑판에서
하늘이시여! 우리 손에 힘을 주소서!
기도하는 모든 손이여 ,소망이여, 현실이여!
아! 8월의 나의 조국이여!

2019.8.17.

10월의 향기

저마다 뿌리 내린 자리에서
10월의 향기는 빚어지고 있었구나.
밟히는 차도 위 은행잎의 은은한 미소
정열의 여인인 양 펼쳐 놓은 단풍의 대잔치
모든 이에게 향기로운 가을맞이는 얼마든지 있구나.
타작마당에 내놓을 것 없다고 걱정하지 말자.
존재 그대로 성장하는 향기.
땡감이 서서히 단감으로 녹아가듯
나의 떫음이 단맛으로 풀어 내릴 때
세월은 흐뭇함에 잠기리.
빚고 빚어 해체된 모습으로
왜 그리 천둥은 번쩍이고 무섭게 창문을 두드리는가?
살을 태우는 작열한 햇볕이
감사함으로 다가오는 날
까치밥으로 남아 있는 여유와
하늘 아래 아스름한 세계를 두려워하지 않고
매달릴 수 있다면
10월의 잔치는 모든 것 안에서
다시 한 번 신나게 펼쳐지고 있으리니.

거리두기

얼마큼 거리 두니 참 좋구나.
안 보이던 것이 조금씩 보이고
내가 산 세월이 필름이 되어 흐르네.

너의 잘못을 지적하던 손가락이
내 안으로 흐르고
이젠 물결이 되어 큰 바다로 사라진다.

기쁨이 슬픔으로 변하기도 하고
슬픔이 기쁨으로 돌아서는데,
별것도 아닌 것에 목매던 상념들이
고층 아파트 담벼락에 스쳐 흐르는데,

널 만나던 시절도 참 좋았지만
거리 두고 바라보는 세월도
나쁜 것만은 아니네.

다 사노라면 잊히고, 새로 생긴 길
서성이지 말고 가야 하는데,
그 길을 가야만 하는데.

코로나 때문에 2m 거리두기를 하며
2020.7.28.

거울 앞에서

무심코 세면장 앞의 거울을 본다.
넌 누구지?
어깨 너머 세월이 줄을 서서
한걸음에 달려온다.

넌 누구지?
무슨 말을 그리 많이 했는지 입가의 주름
하느님 말씀 전하느라
난 얼마나 행복했을까?

무엇을 그리 많이 보았다고 눈가에 주름, 주름
성서 장미 개나리 성모 교복, 예쁜 발걸음,
마음의 동산을 꾸미느라
그랬었다면 난 얼마나 행복할까

사과 같다던 땡땡한 볼은 어디 가고
메워도 메워지지 않는 흔적을
굳건하게 채워나가는 삶의 힘
나는 당신의 소중한 사람
눈에 넣어도 아프지 않는 사람이고 싶다.

2019.10.14.

굿 뉴스

자판기 앞에 앉으니
새로운 세상이 열리는구나.
희미한 눈, 마디마디 굵어진 손가락

빨리 빨리 물러가라!
자판기에 워드를 해보니 알겠네.
눈과 손이 이렇게 잘 만나고
서로를 주고받는 품이 사랑스럽다.
덤으로 오는 수확도 대단하구나.

성경 말씀이 숭어처럼 뛰어오른다.
숨고르기가 한참을 지나면
아직도 철들지 못한 팔십의 노 수녀는
한 마리의 숭어가 되어
물살을 거스르며
당신을 향한 마지막 비약을 시도한다.

2019.10.30.

금강 부두

이제는 돛단배도 떠나버렸다.
어린 꿈 나르던 갈매기 깃털만
탁류의 꽃잎인 양 닻을 올리는 이곳

살아남자고 버큼 물던 해변의 게
장항선 완행열차 가슴 터지게 느렸다.

38선도 아닌데 40년 만에 돌아온 길
그저 바라보는 눈빛으로 반기는
허리 굽은 벙어리 등대
흰 손수건 흔드는 갈대밭가

비릿한 떨림으로 온 몸은 서걱인다.
나는 가고 너는 남아서
운명을 껴안는 파수꾼
오늘은 또 누구의 꿈을 나르는
기막힌 출발의 기폭 올리려는가.

꽃비

꽃비가 내 머리 위에 내린다.
살아온 날들인 양 꽃처럼 아름다워라.
단순하여라 축복이어라

하늘에서 내리는 것이 어디 비뿐이랴
주님이 주시는 성령이여!

이 풍성함의 잔치에 아직 살아 있음이
꿈인 양하여 꽃비 되어 춤을 춘다.

아직은 걸을 수 있어 밟지 않으려고
새발이 되어 사뿐사뿐 뜀뛰기를 한다.

얼마나 많은 너를 밟아왔는지
네 눈을 보면서 눈을 감는다.
꽃비 단비 오늘도 내 머리 위에 맞으며.

2019.4.30.

낙엽과 낙엽 사이

세상엔 떨어져 나가는 게 많아라.
낙엽은 그걸 알고 있었다.

새싹이 우리 곁에 왔을 때
또 어른처럼 커갈 때
그들은 알아차렸다.
준비된 떨림의 신호를.

잊으며 살려고 하는 건 사람뿐
낙엽을 밟고 가면서
중얼거렸다.
한 해가 가려는구나.

늦었지만 나무가 모든 잎을 비우듯
오늘은 내 마음의 낙엽이 지네.

다윗의 기도

하느님! 제가 잘못했나이다.
저를 치십시오. 저 백성이야 무슨 잘못입니까?
사람 손에 당하는 것보다 주님 손에 당하겠나이다.

세 해 동안 기근 드는 것 원치 않나이다.
원수 칼에 쫓기어 석 달 동안 도망 다니는 것보다
사흘 동안 이스라엘에 흑사병을 주소서.

여브스 사람 오르난의 타작마당에서
칼을 든 천사 예루살렘을 향했습니다.
"살려 주십시오. 이 대지는 제 것이 아니고
이 백성이 제 것이 아닙니다."

백성의 인구 조사를 명한 것은 제가 아닙니까?
인간 수를 헤아려 제힘으로 키우려는 마음 용서하소서.
당신의 산천을 피로 물들게 한 것을 용서하소서.

천지 창조하시고 보시기에 좋았다.
만족하시던 하느님
온갖 쓰레기와 폐수로
당신의 정원을 병들게 한 것을 용서하소서.

들녘에서 1

타작 마친 들깨 더미 위
노란 편지가 날아왔어요.

이 가을 욕망의 알알을
어찌 그리 속 깨알까지 다 털어냈니?
가벼워진 네 몸을 축하해
부러워.

두두두 내 은행알
부끄럽지만 북소리로 받아줘
이 가을 난 사람들에게 줄 선물을
어떻게 할까?
가지고만 망설이고 있는데.

2019.11.15. 피정을 마치고

들녘에서 2

누군들 황혼 앞에서 고개 숙이지 않으리.
하루를 땀 흘려 가꾸고
들녘에서 감사의 기도를 드리는 농부
사무실에서 하루를 정리하는 사람들

이 마을 저 마을 아이들을 내려주고
돌아오는 길
참 좋은 말 떠오르네요.
감사합니다.

논밭 사이 새들도 힘껏 날아오르고
집 없는 고양이도 어디론지 바삐 돌아가는 길
오늘 암송할 성경구절을 떠올리며
"너희는 세상의 소금이다."

옥포 마을에서 아이들 내리고.
"소금이 짠맛을 잃으면."
아! 아! 황금빛 석양에 감탄하며
어느덧 주위는 어두워지고, 공소 지붕 십자가
저 멀리 보이는 황혼의 들녘.

말씀이 사람이 되어

아기 예수, 세상에 하늘 아기가 태어났다.
집집마다 두근거리는 가슴을 안은 사람
골목 밖으로 나와 아기의 별빛 아래 섰다.

미소 띤 얼굴, 답은 이미 다 나왔다.
모두는 가슴 안에 아기 하나씩 품었다.
아니, 아니 그러고 싶었다.
길가의 나무라도 품고 싶다.

별빛이 아니어도 달빛이 아니어도
평생 주고도 가질 수 없는 빛 한 가닥
우리는 이미 승리하였네.
헤로데의 거짓이 빌라도의 비겁함이
달무리 지듯 구름 저편에 숨어 있을지라도

문 열어라, 벽아, 벽아.
빛 하나 더하기. 무한의 값
오만과 거짓의 덧칠 밑에 흐르는
하늘의 맑음이 분수되어 솟아 솟구쳐
확 사랑 하나 틔웠네, 시원하게 틔워냈구나.

2019.12. 성탄에

밤길

세상의 큰 무대는
막을 올리고
날짐승의 서곡이 울리면
열매들 빛나는 눈동자
갈고 닦아 온 맛과 멋을 선보이는 곳

이삭 줍던 여인
덥혀 놓은 손길
아직도 따스합니다.

주님 이곳에 계시지요
밤길이 이리 환해지는데
더더욱 낮은 어이할까요.

흔들리는 것이 어이 인생뿐이랴
논길 따라 억새풀 흔들리고
세상도 흔들리고

이 밤길
오직 주님만
내 안에 자리함이여
흔들림 없어라. 다문화 아이들
시골 동네에 데려다 주고 오는 길.

물고기의 쓸개

오! 하늘이시여!
라파엘라 천사의 손에 쥔 물고기의 쓸개를
저희에게도 나누어 주소서.

오! 하늘이시여!
토빗의 눈을 뜨게 한 물고기의 쓸개로
이 혼란의 '코로나19'에서 눈뜨게 하소서.

가브리엘 천사, 미카엘 천사, 라파엘 천사
세 천사에게 임무를 맡기시어
세상에 파견하실 때
라파엘 천사는 병자의 치유 임무를 주시지 않으셨습니까?

당신이 사랑하신 동방의 아름다운 대한민국
입 안에 가슴 안에
눈물 맺히는 내 나라 대구, 경북 모든 지역이여

토비야는 물고기의 간과 염통을 향의 잿불에 태웠고,
라파엘 천사가
달아나던 마귀의 손과 발을 묶어 버리지 않으셨습니까?
상한 갈대를 꺾지 않으시는 분,
풍랑을 견디지 못해 살려 주십사고 외치는 이 소리

두려워하지 말라.
내가 세상을 이겼노라.
당신의 음성이 들려옵니다.
당신의 역사 속에 지금 걷고 있구나, 느낍니다.
이 길이 모세의 기적입니까
이 길이 암담한 순간에 비추시는 성체의 빛입니까

파도야 잔잔하여라.
당신의 손을 잡고 갈릴레아 호수를 건너갑니다.
두려워하지 말라.
내가 세상을 이겼노라
오! 하늘이시어!

2020.3.3. 수원에서

베들레헴

가난한 이에게 기쁜 소식을 주시어
하늘과 땅이 입맞춤하는 곳.
생명이 잉태하는 기름진 땅
베들레헴으로 달려가세.

마리아 품에 안긴 구유의 아기 예수여
세상은 험해도 마음만은 오롯한 이들
그곳엔 하늘의 심장이 뛰고
내가 새 생명으로 다시 태어나는 곳.

산처럼 쌓아 놓은 많은 말 다 버리고
오늘 나의 기도 제목은 침묵
목동들의 노래 소리로 화합하리라.
소리 없는 외침으로 찬양하리라.

베를린의 추억

무엇이 날 시원하게 만드는가?
한여름 밤은 많은 생각을 만들어 주는구나.

보아도 읽지 못해서 길거리에 버려진
베를린 지도를 주웠다.
많은 거리 길거리, 무작정 떠나기로 했다.

나 말고도 세계의 사람이 모였는데
베를린 장벽 앞에서 나도 모르게 고개 숙이고
지난날, 금 그어 놓은
서독과 동독을 구경하러 온 이 많은 사람들

장벽을 넘다가 총살당한 이들의 무덤 앞에서
하늘을 우러러 기도한다.

기차 속 말고는 아직도 더움에 지쳤는데
들이키는 맥주의 맛
가져온 찬물로 대신하니
무엇이 날 시원하게 만드는가.

2014.7.16. 베르린 장벽 앞에서

브레멘 하벤

브레멘 하벤
그 이름 참 멋있었어. 아름다운 독일 항구
일 년에 두 번,
헬렌 조카의 부활과 성탄편지로 오고 간 이름

항구에 서니 파도가 달려와 부푼 가슴을 쓸어내리며
갈매기를 보내왔다.

물류 항구, 온갖 과일, 생선, 세계의 많은 배가 떠 있고
'기아' 라고 쓴 물류 창고 앞에서 한국을 만나
동해 황해 남해에서 찾아온 바다 숨결을 마셨다.

조국의 힘찬 맥박
성모상 곁에서 힘차게 서있는
강인한 무궁화 꽃

태극기, 독일기 함께 꽂아 휘날리는 정원에서
나도 모르게 차렷! 경례!
아이야, 너는 자랑스러운 대한민국의 딸이구나.

2014.7.12. (헬렌은 조카)

서둘러 가거라
- 부활날 아침

누가 이 기쁨을 모르나요?
세상에서 가장 빠른 걸음
죽어라 달려가는 여인아.

서둘러 가거라, 갈릴레아로
하늘이 내려와 다시 하늘로 가는 눈부신 빛이여!
얼마나 두근거리고 흥분된 순간인가

조용히 왔어도 지구는 멈춰버리고 천식도 사라지고
새로이 움터 오르는 시간의 출항

나는 한 마디만 되새기는 살아난 생명
예수님, 부활하셨네!
비겁했던 날들 뒤로 버리고
서둘러 가거라, 나의 갈릴레아로.

서둘러 부른 노래

코로나여! 안녕!
서둘러 널 부르는 노래
널 떠나보내는 노래
우리 인연 여기까지

슬퍼마라, 시작이 있으면 끝이 있는 법
미련일랑 두지 마라.
인간과 함께 산 세월
너의 황금기는 여기까지

문 앞에 양의 피를 바르고
널 넘어간다. 경계가 없는 너에게
파면을 선언한다.
어린 날 연습했던 줄넘기, 고무줄뛰기, 비석치기.
넘어서, 넘어서 살아온 우리

떠나라, 사라져라.
서로의 잘못을 깨닫는 참회의 사순절
하얗게 변하는 죄의 흔적아
너의 길은 하나
가라, 떠나라, 사라져라!

2021.2.25. 사순절에

손 씻기

내가 사는 곳에는 물이 많아요.
내가 사는 곳에는 물이 넘쳐요.

한 방울 내리는 비, 손에 담았다가
두 방울 내리는 비, 마음에 담고,
흐르는 물에 가슴을 씻었어요.

쓰리고 아픈 것은 손바닥이 아닌 거
뿌리 하나 뻗어오고 솜털인가 벌레인가
스멀대는데, 밀어 오는데
씻었어요, 씻어댔어요.

삶을 씻고, 사랑도 씻고, 원망도 씻고,
살아온 삶을 씻고, 손이 부르트도록
아! 오늘도 씻고 씻었는데,

불끈 솟아오르는 동녘의 해를 향하여
만세
두 손이 불끈 만세를 불렀어요.

2020.8.29. 코로나 예방을 위해 손을 씻으며

어머니 아카시아

잠깐, 모든 꽃향기는 거기 섰어라.
마스크에 순정을 바쳐 사는 인생.
코도 막고 입도 막고 세상도 막고

계절이 왔다고
손수건 한 장 흔들지 못하고
꿈의 시렁에 얹어 놓았지만

올 것은 오고, 갈 것은 가고
뿌리 깊은 나무 되어
코끝에 입맞춤하고 떠나는
어머니, 아카시아 향기.

2021.5.13. 농대 숲에서

열매
- 노수녀의 일기 26

거기에 그렇게 매달려 있는 것만으로도 행복했다.
앙, 입 다물고 하늘을 올려다보고
흙을 향한 시선 그 순정 하나로 살아났다.
열매! 땅에 사는 것은 열매를 맺어야 한다고
온갖 동식물의 바쁜 몸놀림

가을 들길을 걸으면
바뻐바뻐 소리치는 벼이삭을 본다.
두런두런 속삭이는 수수밭을 지난다.

고소한 참기름 들기름 밭을 지나서
너 이놈 죽었다. 타작마당에서 도망치는 콩밭이 나온다.
비닐하우스에는 아이 머리통만한 멜론이
새새거리며 익어간다
빈손이지만 박수를 쳐야 할 두 손이 있구나.
누군가에게 합장할 가슴이 남아있구나.

9월이여! 그댄 참 멋있는 계절이로다.
인간의 열매는 하느님께 향하는 것
순교자들의 알찬 순정이 보석으로 빛나고 있다.

열매를 주우며

푸른 자유 접어두고
내려다 본 일 없는 어질어질한 하강
수액을 탐닉하면서 쓴 나물 씹듯 참았다.

참을 인, 그것처럼 멍청한 사람
한자로 한글로 영어로
이 잎, 저 입, 이 입, 저 잎
드높은 하늘 보고 어리숙한 땅을 보고
자리 잡는 씨방, 철이 든 발등

더는 참을 수 없는 극한까지
무게를 가누기 위해
최단 거리 마음속에 내리는 단비

뿌리 뻗은 흙 곁으로
태초에 부르던 자장가 선율 따라
내려와 안겼느냐
그래 마음 푹 놓이더냐.

예수님의 계산서

길 잃은 나를 찾아 산길을 내려오신 사나이
당신은 누구십니까
돌을 맞을 뻔한 나를 용서하신 사나이
당신은 누구십니까

38년 동안 하혈한 저를 치유하신 사나이
당신은 누구십니까
썩어 가는 사지를 고쳐주신 사나이
당신은 누구십니까

바리사이를 통쾌하게 날리신 사나이
당신은 누구십니까
세상에도 없는 천국을 가져오신 사나이
당신은 누구십니까

죽은 나자로를 살려내신 사나이
당신은 누구십니까
찾으라 찾아주고, 두드리라 문 열어주신 사나이
당신은 누구십니까

어린이와 평생을 함께 살게 하신 사나이
당신은 누구십니까

33년을 살았어도 영원을 산 사나이
예수님 당신을 사랑합니다.
용서밖에 모르시는 더욱 좋은 사나이
예수님 당신을 사랑합니다.
내 방을 깨끗이 쓸고
예수님, 당신의 살과 피로 도배를 마쳤습니다.

2019.6.28. 수원에서

찬미예수님, 사순절에

사순 시기는 하느님께서 우리 인간에게 또 한 번의 기회를 주신 때입니다. 먼저 하느님의 아드님 예수님께서 보내신 사순 시기는 예수님께서 광야로 들어가심으로 이루어졌습니다.

이 광야는 원죄가 있기 전에 하느님과 친교를 누리던 동산으로 복원하시려는 것이었습니다. 예수님께서 광야에서 기도하시며 마귀의 유혹을 물리치시듯 승리하신 모습, 수난과 죽음을 묵상하며 부활의 준비를 해야 합니다.

3월 6일부터 40일간 예수님 고난을 생각하며 그리스도인으로서 내 자세를 성찰해보는 시기, 회개와 보속으로 자신의 신앙을 새롭게 하여 다가올 부활축제를 준비하자는 의미, 그리스도의 정체에 대해 생각해보자는 것이 사순 시기 제정 목적입니다.

교황님께서 제안을 하십니다. 이기심과 자아도취에서 벗어나 최소한 1개의 선행을 통해서 욕망의 결과물을 이웃과 나누고자 제안하십니다. 바른 양심으로 살아야 할 기막힌 인생의 기회를 놓치지 말아야 합니다.

예문 1. 생명 있는 말 사용하기
신자 어머니가 60세 아들에게 이 자식 저 자식, 잘못을 지적한다고 이놈 저놈, 이게 말이 아닙니다.

예문 2. 자식 3을 가진 신자 어머니와 며느리의 대화
네 남편 대학 보내고 자리 잡게 하느라 큰형 둘이 희생했으니 네가 돌보고 장가도 보내라. 50세 넘은 시숙들

이들을 위한 치료 사순시기에 만난사람 당신은 무엇을 말할 수 있습니까? 욕망을 멈추어 숨 고르기, 나의 이 순간 내 모습 보기, 예수님의 사순절 동안 겪었던 3가지의 유혹에 물리친 사건, 나에게도 있습니다.

돌이 빵으로, 사람이 빵만으로 사는 것이 아니라 하느님의 생명 말씀에 살아야 합니다. 내 힘으로 할 수 있다고 하면 하느님은 빠집니다. 세상의 영화, 절벽에서 뛰어 내리기. 우리가 하느님의 백성이라면 절대로 자신의 능력을 과시해서는 안 됩니다. 예수님은 하느님의 아드님이심을 절대로 잊지 않으셨습니다.

부활준비 앞에서 예수님을 따라가는 우리는 욕망들을 멈추고, 숨고르기를 하고, 자기를 변화시켜야 합니다. 눈 귀 팔다리 노쇠해 가도 내 마음 안에 살아 숨 쉬는 예수님을 따라야 합니다. 영원히 찬미 예수님!

장미 향기를 찾아서

옛 이야기 하나, 호롱불 꺼진 방
내 주머니 속에 살고 있었지.

갈지자처럼 써내려간 글씨 한석봉
어머니 그 반듯한

떡판의 인절미를 바라보며
가슴 뭉클거리는 손으로 묵주를 굴린다.

이제는 어머니의 간절함이
하늘가에 닿았는데

작심한 떠남마다 장미 향기 묻었느냐?
다시 시작하는 생명이기나 한 거야?

2021.5. 성모성월에

채석강

서해에서 제일 싱싱한 물결,
허리에 두르고 가자.
맨손 맨발 빈 가슴이면 어떠랴!
선운사 동백 실뿌리 적시는
채석강이 눈앞에 멎었다.

떠나간 세월 싣고 오는 포말은
쏴쏴 아는 체를 한다.
나는 이제 신이 나서 단숨에 바다를 껴안고
두 팔을 벌려 긴 해변을 안아 보니
흘러내리는 섬 하나, 둘,

아직 해는 수평선 위에 멈춰 있고
화살 같다던 시간도 내 곁에 와 앉는다.
미처 못 다한 삶과 만나서 무언가 속삭이며
내 눈치를 살핀다.

해지기 전 나는 수첩에 적어 넣어야 한다.
한 켜 한 켜 바위틈에 새겨 놓은 물결 글씨를
읽을 수 없으니까 여기서 멈춰 버린다.
낙조는 이제 눈부신 수평과
부딪힐 순간, 고요의 의미를 깨닫느냐?
거기 빛나는 십자가,
빛이신 예수가 물 위로 걸어온다.

나는 이제 춤사위를 멈추고 성호를 그으며
숨을 고르고, 환희의 순간을 맞이한다.
모세의 두 팔은 내려지고
좌우의 수벽은 물결로 닫힌다.
나는 남은 세월을 감사히 받아들고 일어선다.
오! 감미로운 세계여.

2003. 채석강에서

한여름 밤의 꿈

빛이 좋아 눈부시게 좋아
반디 불씨를 찾아 떠난 후
수십 세월 만에 하늘 끝까지 닿을 수 있었다.

호박꽃 초롱불 밝히던 한여름 밤
풀밭의 길은 물속으로 나 있고
비릿한 송사리떼 냄새 풍기더니
놀랍게 정말 신기하게
요르단 세례 터에 와 살더라.

물맞이 하러 들어간 발가락
간지럽히더니 하아!
한여름 밤 꿈은 여기서 시작하고 있었다.

은행나무 밑으로 가라

소임 떠나시면서
잊은 듯 급한 말씀 한 마디
은행나무 밑으로 가라,
그 곳에는 사철나무가 서있었지만

집안에 들어가는
온갖 물줄기 그 나무 밑에 있었지
하마터면 잊을 뻔했네.
항아리 뚜껑부터 휴지 조각까지
십여 년을 다듬어서 윤기나게 닦았지.

새벽 4시에 일어나서
더운 것 마실 것을 준비하는 자매님들
가는 차 번호 잊지 말고
길 건널 때 조심하라고 묵주신경 하면서.

티베리아 호수

의심 없는 사람에게
제일 먼저 다가오는 바다처럼
하늘과 바다가 처음으로 만나서
기도하는 바다처럼
한번 더 가고 싶은 그리움이여.

사노라 닫혔던 마음의 문을 열면
물밀 듯 다가서는 티베리아 호수
거기 생명이 살아서 움직이고
처음으로
내가 내 모습을 찾아보았던 그 곳

빈 그물만 만지작거리다가
님의 목소리에 감격하는 순간들
오늘은 내 작은 기도를 모아
작은 종이배에 싣고
저기 저 티베리아로 고이 띄운다.

4부
동심의 세계

가을 하늘은

가을 하늘은 빨간 색이야
빨간 단풍잎이 말했어요.

가을 하늘은 노란 색이야
노란 은행잎이 말했어요.

가을 하늘은 보라색이야
보라색 들국화도 말했어요.

가을 하늘은 초록색이야
소나무도 지지 않고 말했어요.

너희들 모두 다 맞는 답이야
가을 하늘은 기뻐서 소리쳤어요.

강아지

강아지
멍 멍 멍 멍
신났네, 풀밭에서

추석날
농악놀이
덩달아 얼쑤 얼쑤

이때다
도깨비바늘
온몸에 침놓았네.

꽃 잔치

아지랑이가 소문을 퍼트렸어요.

인사말 하는 노란 개나리
하얀 손수건 흔드는 벚꽃
얼굴 빨개진 진달래

백설기 조팝나무
아바지 머리 이고
시집가는 복사꽃.

촛불 든 목련
잘 살아라
기도하는 제비 꽃

하느님의 지휘봉은 쉴 사이 없어요.

무궁화

거북선
화약 냄새
불붙은 한 송이 꽃

꿋꿋한
그 절개로
독도를 지킵니다.

애국심
이 순신 장군
넋이 살아나는 꽃.

빨간 오리발

봉숭아 물 들었나? 빨간 오리발
하얗게 언 호숫가 외발로 섰네!

발 적셔 줄 큰 물구멍
누가 만들었을까?

호호 잉어엄마 입으로 뚫었나,
하하하 해님 불화살로 녹였나?

무뚝뚝한 부리로 꽁꽁 찍었나,
와장창 아이들 돌 던져 구멍 냈나?

사람

하느님은
조물조물
흙으로
날 빚었네.

코 입김을
넣어서
풍선이
되었구나.

걸어서
하늘가는 길
알겠네.
이제야 알겠네.

성모동산에서

바람 한 자락
잔솔가지에 걸쳐놓고
송화 가루 폴폴 내린 오후

십사처 곳곳마다
수녀님 발자취

꽃 초롱 등불 켜고
내려오는 오솔길

이끼 낀 돌담 위로
다람쥐 한 마리

성모님 치맛자락에
알밤 숨었나.
묵주 알 굴리듯 찾고 있네.

2004.4. 한국인터넷문학상 수상

손가락 젓가락

엄마가 싸주신 김밥 두 줄
아무리 찾아도 젓가락이 없네.

냠냠 친구들은 다 먹어 가는데,
배는 쪼르륵 침은 꿀꺽

소나무 바람은 라라 솔솔 도
짝 있는 것 나와라 빨리 빨리
신발 두 짝 장갑 두 짝

까치발 들고 서서 나뭇가지 꺾을까
해님이 살짝 내 손가락 비출 때

하하하 찾았다
엄마가 주신 손가락 내 젓가락.

2004.4. 한국인터넷문학상 수상

아기 예수님

세상에서 제일 가난한 사람은
아기 예수님

하늘나라 모든 재산
우리 주려고
말구유 아기로 태어났어요.

세상에서 제일 부자는
우리 어린이들

어른도 내놓지 않았던
물고기 두 마리
보리떡 다섯 개

그 마음 안에 반짝 반짝 보석
하늘나라 마음이 들어있지요.

엄마 비 아가 비

엄마 비가 주룩 주룩 노래 부르면
아가 비가 파 파 파 파 따라 불러요.

엄마는 큰 손으로 굵게 1자 그으면
아가의 작은 손이 가늘게 1자 긋지요.

쉬엄쉬엄 엄마 비가 냇가로 내려갈 때
동동동동 아가 비는 숨이 찼어요.

엄마는 어디로 숨어버렸나
아가 비 등에 업고 끙끙 대며 가는 걸

아가 비는 오늘도 알 수가 없어
펑펑 주룩 주룩 울며 갑니다.

엄마의 나라 아빠의 나라

엄마는 태국사람, 아빠는 한국사람
태어난 나는 누구일까?
학교 가는 길 털털털 트럭, 아빠 옆에 앉아
생각하는 나

농사철 되기 전 엄마와 함께 간 외가
외할머니, 이모, 외삼촌, 이종사촌들
말은 통하지 않지만 마음은 통해
말보다 좋은 마음을 안고 왔다.

친한 친구들은 잘 놀다가도 싸움만 벌어지면
"넌 태국사람이야"
"난 한국 사람이야"
자신 있게 한마디 했지만 오늘은 괜히 심술이 나

털털털 트럭이 교문으로 들어올 때
나도 모르게 아빠 품에 앉긴 나
"아빠 나 한국 사람이지?"
엔진소리 때문에 듣지 못하신 아빠
"가자. 집으로!"

자석이 된 엄마

숙제도 하지 않고
몰래 게임만 한 날

엄마는 나를 밖으로 밀어냈어요.
같은 극을 밀어내는 자석처럼

부서진 쇳가루도 끌어당긴
과학 시간
자석 놀이는 짱 재밌는데

쯔쯔쯔 해님이 혀 차고 떠난 뒤
달님 별님 까르르 웃어대는 해거름

구름이랑 숨바꼭질 하느라 한눈팔 때
엄마 품에 꼭 안겼던 나
엄마의 마음은 자석인가 봐.

호수의 가슴

호수의 가슴에 봄이 왔어요.

꽁꽁 언 얼음판
은빛 금빛 물결로
반짝이는 걸 보면

겨울 동안 묵혀둔 옷가지
빨래터에 오리떼 토닥토닥

호수의 얼굴에 달이 떴어요.
달님 따라 놀러온
반짝 아가별

겨울 동안 씻지 못한 얼굴
세수하는 아가별 푸우푸우.

가을아, 미안해

삶이 바빠서가 아니야
코로나19 때문이 아니야
널 잊고 지낼 뻔 했어.
가을아, 미안해

마른 눈가를 흘러내려라
단풍은 빨간 생명으로
은행은 노란 생명으로
논밭이 키워낸 벼 이삭 수수이삭

가을아, 고마워
묵묵히 사는 세월 앞에서
이 부끄러움이여
이 오만함이여

우수수 몰려올 낙엽에 묻히기 전
새롭게 시작하는 거다
새롭게 깨끗해지는 거다
사람이 사람 되는 거다.

2020.10.28.

구름아 구름아

친구와 만나기로 약속한 양떼구름
아파트 꼭대기에 앉아있네
전화번호를 잊었나,
카톡이 안 되나?

이곳저곳 기웃거리다
변하는 구름조각
나는 나인데 나는 누구지
아무도 나를 아는 이 없어.

구름아 구름아
하늘을 바라보니, 저기
내가 있네.
만나자 마자 넌 또 떠나가지만.

그날의 별들

장미꽃 향그런 교정에 서면 보이리.
성모상 주위를 맴돌며
술래잡기로 울고 웃으며 커갔던 아이들
그 날의 별들도 우르르 내려와
바람이 넘겨준 일기장을 읽었다.

하루를 치마폭에 담은 밝은 밤
정의의 불꽃, 성실의 열매, 자유로 다져진 아이들
아베 마리아~
야간 자습실의 차임벨 소리
대낮처럼 환했던 형광등마저 불꽃놀이로 꺼져버린 밤.

온 세상 사람들을 위한 성무일도가 끝나면
깜박깜박 응답하는 소성당의 촛불
하루를 마감하는 수녀원 긴 복도의 그림자
침실 앞에 머물 때까지
감실 안의 예수님은 잔잔한 불빛으로 비추었다.

2001. 하루를 마감하며

꿈이 열린 나무야

하느님의 더 큰 영광을 위하여
진리의 전당 한밭에 우뚝 솟아
하늘만큼 푸른 꿈 피어내고 있구나.

힘찬 교가를 부르며 오른 계족산
오늘은 어디를 향하여
봉화대의 불을 밝히는가
이른 새벽 게으름,
금강에 씻어내고
맑은 정신으로 깨어남을 감사하여라.

세상 어디서나
거짓 없이 당당하여라
내 목소리 찾아 스스로를 다스리는
꿈이 열린 나무야

조잘대던 이야기,
등하교 꽃길 되던
오십 년의 세월을
아! 이젠 잊을 수 없는데

별빛인 양 초롱초롱한
네 눈망울이

눈부신 역사의 혼을 펴는
백제의 후예였구나.

이른 봄,
촛불 켠 목련 향 앞세우고
여기 세상의 무대에 선 너희들에게
희망을 건다.
힘찬 박수를 보낸다.
꿈이 열리는 성모의 나무들아.

기도의 호수

호숫가에 가면
난 알 수 있지
하루를 어떻게 시작했는지

걸음걸이에도 세월이 묻어서
저리 바삐 오고가는데
아! 반 발자국씩
늦어가는 나
늦은 대로 보이는 게 있구나.

정신없이 걷기만 하다가
떠오르지 못한 상념들
안개 걷히듯
마음의 커튼을 걷어내며

서서히 다정한 손목을 잡고
오늘도 나는
기도의 호수를 걷네.

눈 속의 기도

하느님. 하늘나라에도 흰 눈이 내리나요?
수많은 꿈들이 하얗게 눈송이로 오나요?

울타리를 없애서 하나가 되고
폐가, 돼지우리도 아름답게 장식하는 분.

하느님, 당신처럼 지상에 내리며 펼쳐지는
이 신비의 눈 세상을 추위도 참을 수 있는 것은
포근한 나눔입니다.

집안에 가져갈 수 없어도 흐뭇한 마음들
찬 뜨락에 놓아도 불안하지 않은 기쁨

당신 마음은 맑았습니다.
당신 노래는 향기입니다.
기쁨이 되고 기도가 되어
세상 모든 사람을 하나로 만들었습니다.

솔방울 사랑방

오백년 넘게 산 할아버지 소나무
겹겹이 주름진 어깨 위에서
짹짹 깟깟 온갖 새들이 졸라댑니다.

굽은 등 꼭꼭 두드리면
옛날이야기가 씨앗처럼 쏟아지는
솔방울 사랑방은 동화의 나라

신이 난 산새들의 합창이 시작되고
에헴 목을 다듬은 할아버지 시조
솔방울 사랑방에 놀러 오세요.

2004.4. 한국인터넷 문학상 수상

아가 콩

장마에 동 동 동 떠내려가요

콩깍지 꼬마 식구들 큰일 났어요.

어, 어, 형아 식구들이 뛰어가 보니

통통 부은 아가 콩 쏙 내민 얼굴

해님이 서둘러 뽀뽀했어요.

어서 어서 연초록 싹 하나 틔우세요.

아빠의 유산

아빠는 자랑스런 대한민국 미화원
새벽 잠 몰아내는 진주보다 영롱한 눈
교통사고 난 날도 쓰레기는 산

아빠는 대한민국 자랑스런 공무원
아빠 생각날 때마다 동네 두 바퀴
울면서 한 바퀴 웃으면서 한 바퀴

나는 대한민국 자랑스런 미화원
깨끗해진 세상 지구청소 일등
나 잘하고 있지요? 아버지―!

입마개 마스크

얼마나 말을 아끼지 않고
나오는 대로 말해버렸나요?

널 위한 말은 조금
상처 주는 말, 말, 말

한번 생각하고 되새김질
소를 바라보고 웃었어요.
음머~~~.

숨을 고르라고 천천히 천천히
새로운 동네를 지나가고 있어요.

2020.6.26. 코로나로 마스크를 쓰며

좀들이 물방울

양치질 남은 물 모아 놓고
약 먹고 남은 물 모아 놓고
남은 물 생각나면 모으는 재미

언제부턴가
안하던 일을 하고 나니
왜 이렇게 마음이 부자가 되는지
물방울이 진주처럼 보이네.

끈이 있어야 목걸이 만들지
혼자 기뻐하는 마음을
누구에게 고백할거나!

2020.1.30.

진안의 하루

산이 등을 내밀며 업히라 한다.

저렇게 큰 덩치가
신선의 도포자락 날리듯

운일암 반일암 흘러내린 물
땀을 닦은 산들이 일제히 일어선다.

나무 가지에 걸친 구름 한 조각
하늘 편지를 띄우는데

나도 모르게 친 박수
산을 넘는 산울림.

산이 돌아서서 땀을 닦으라 한다.

해변의 노래

바닷가엔
물방울 꿈이 있었네.
해변의 모래를 감싸는
엄마를 찾아서

낯설고 무서운
속도의 물살
꼭 다문 열두 대문
열쇠는 어디에 있나요?

가슴 한복판에 꽂은 비녀
흐느끼는 눈물로
물방울은 불어나고
미역의 긴 붕대와
약초도 있네.

호숫가 이야기

소나무 일곱 식구 살고 있는 호숫가
마디마디 솔잎 사이
빠져나온 오빠 바람
첫나들이 아기오리 동동 밀어준다.

여기 저기 숨어라 해님이 술래야
풍덩풍덩 잠수하는
아기오리 열 형제
소나무 할아버지 놀라 던진 솔방울

119 구조대원
호수 위로 바쁘게 헤엄쳐 간다.

2004.4. 한국인터넷 문학상 수상

겨울 숲에서 길을 읽다

하얀 눈이 길을 묻는다.
하늘에서 내리는 선물을
어느 누가 받지 않겠는가?

바람 한 줄기 길을 트며 달려온다.
설잠 깬 나무들이 화들짝 놀라
반가운 손님을 맞는다.

지난 겨울 떠나지 못한 나뭇잎에
기쁨의 눈물이 고인다.
이윽고, 새로운 만남 앞에 선다.

겨울 숲가에서
왜 나는 시냇물 소리를 듣는가?
겨울 숲가에서
왜 나는 꽃향기에 젖는가?

겸손의 안쪽 하얀 종이에
사랑담은 기도시를 쓰고 싶다.

보름달

엄마가 송편을 빚습니다.
엄마가 사랑을 빚습니다.

조상님께 바치고 나면
내 차지라던 우리 엄마

달아, 달아,
우리 엄마 속눈썹 달아

엄마는 달나라에서
아직까지 송편을 빚을까요?

너도 흘러왔구나

어서 오너라
금강산 물줄기야
반갑다
너도 흘러왔구나.

총칼도 무섭지 않더냐
첩첩 산중 골짜기도
겁나지 않더냐
어서 오너라.

맑은 물을
두 손 모아 한 움큼 떠
마음을 담는다
만나서 반갑구나.

          금강산에서 내려오는 물줄기를 담아보며

| 해 설 |

정갈한 시심과 오롯한 정서
— 온정선 시인의 2시집을 감상하고

문학평론가 리 헌 석
(사) 문학사랑협의회 이사장

1. 온정선 수녀 시인의 금경축

1978년에 처음 뵐 때, 온정선 수녀님은 대전성모초등학교 교사였습니다. 수녀님은 주로 초등학교 1학년 어린이들을 맡아 지도하였습니다. 이 시기의 어린이들은 잠시도 집중하지 못하는 성장기 특징을 지녔기 때문에, 학습과 생활을 지도하는 일이 참으로 어려웠을 터입니다.

그러나 초등교육에 봉직하는 수녀로서 순명(順命)의 길을 묵묵히 걷습니다. 〈한 아이의 어머니도 아니면서/ 수천의 어머니〉로서 사명을 다하여 섬깁니다. 학교에서 퇴임한 후에도 20여년 이상 '지역 아동 센터'를 운영하면서 다문화 가정 어린이, 편부모 어린이, 끼니를 잇지 못하는 어린이들을 보살피는 일에 성심을 다합니다. 대전에서, 그리고 전북에서, 또한 경기도에서 수녀님이 흘리신 땀과 사랑은 헤아릴 수 없을 만큼 위대한 봉사임이 분명합니다.

온정선 라파엘라 수녀 시인을 떠올릴 때마다 시인이 지향하는

'라파엘' 대천사의 천직(天職)과 참으로 잘 어울리는 분이라 생각했습니다. 눈먼 자의 눈을 뜨게 하신 '치유'의 라파엘 천사는 의료계의 의사나 간호사의 직군(職群)에 가까워 보입니다. 그러나 먼 나라에 와서 힘들게 적응하는 어린이를 돌보는 일, 편부모 슬하에서 가정의 따뜻함을 모르는 어린이에게 정을 나누는 일, 끼니를 거르는 아이들에게 먹을 것과 쉴 곳을 제공하는 일, 그리하여 그들의 심신을 안정시키고, 말끔하게 치유하는 '교육' 역시 '치유'와 닿아 있습니다.

자주 뵙지 못하였지만, 제 마음에 '라파엘' 천사로 자리 잡은 분, 그리하여 존경하는 수녀님과는 가끔 전화로 안부를 나누었습니다. 때로는 '아동 센터'의 어린이들이 읽을 만한 도서가 필요하다는 말씀을 듣고 몇 박스씩 도와드리기도 했습니다. 한편으로는 잠시 잊고 지내다가, 정말 드물게 문학창작에 관한 말씀을 나누기도 하며, 40여 년을 간헐적으로 소통한 바 있습니다.

그러던 2022년 봄에 수녀님께서 전화를 주셨습니다. 금년이 금경축(金慶祝)을 맞는 해라는 것, 이를 기념하기 위해 관구장 수녀님께서 특별한 선물을 주셨는데, 시집 발간을 권하셨다는 말씀이었습니다. 1993년에 첫 시집을 발간하였으니 30년 만에 둘째 시집을 발간하게 되었다면서 감격에 겨운 목소리였습니다. 그 후 원고를 받아서 독자보다 먼저 읽고, 시집의 작품세계를 부분적으로나마 간략하게 정리합니다.

2. 온정선 수녀 시인의 시심

2.1 순진무구한 동심

온정선 라파엘라 수녀 시인은 많은 작품에 '동심(童心)'이 스며 있습니다. 어린이를 위한 '동시'는 물론, 어른들을 위한 '시'에도 세상살이와 무관할 정도로 '순진무구(純眞無垢)'가 자리하고 있습니다. 이는 순명하는 수도생활의 영향으로 보입니다.

시인은 마음을 비우고 살아온 세월을 자존(自尊)합니다. 하느님을 '님'으로 비유한 시「님과 함께라면」에서 시인은 '아무것도 필요 없어요.'라고 고백합니다. 세상에서 필요한 것들 예컨대 〈카드 한 장 가져본 적도 없어요./ 자동차 운전 한 번 해본 적도 없어요.〉라고 분명하게 밝힙니다. 시인에게는 〈눈을 감으면 열 지어 달려오는 아이들/ 잊지 않으려 해도 때로 잊혀지는 이름들〉이 있어, '갈릴레아'에서 예수님의 손을 잡을 수 있었다고 회상합니다.

님이 오시는가,
밭고랑에서 소식이 왔네.

겨우내 그 길가 지키던 민들레가
술렁이는 논두렁
눈 속에서 웅크리던 풀뿌리

내 몸은 고요한데
돌돌 도랑물 소리도 같아라.
하하 아이들 웃음도 같아라.

바람이 지나가면
일제히 노란 초롱불 켜지고
님의 모습은 보이지 않아
거울 앞에 한번 서보는 이 봄

〉
나도 누군가 창가에서 기다리는

민들레 홀씨도 되고

그 뿌리도 되고 싶다.

― 「님 오시는 길」 전문

    온정선 시인은 평소에 절실한 마음으로 기도할 터입니다. 하지만 시에서는 자연의 여러 사물과 현상을 비유적으로 나타냅니다. '님'은 기도의 주체일 터이지만, 여기에서는 보조관념으로 자리하기도 하고, 4연에 있는 것처럼 '봄'의 원관념으로 기능하기도 합니다. 성경의 '시편'은 대부분 '비유'로 되어 있다는 본령에 근접합니다.

    시인은 봄날에 밭고랑에서 봄소식을 듣습니다. 님이 오시는 길가를 지키던 민들레, 겨울눈 속에서 웅크리던 풀뿌리들의 술렁이는 소리를 듣습니다. 자신은 봄이 온 것을 육감으로 느끼지 못하는데, 자연은 '님'의 섭리를 먼저 알고 반응합니다. 이 작품의 문학적 성취를 이룬 부분은 5연 중에서도 넷째 연입니다. 〈바람이 지나가면/ 일제히 노란 초롱불 켜지고〉에서 '노란 초롱불'은 민들레이거나, 산수유이거나, 개나리꽃일 터이지만, 그 꽃들이 개화(開花)하는 실마리를 '바람'으로 인식한 표현이 개성적입니다.

    이렇게 꽃이 피는데도 〈님의 모습은 보이지 않아〉 님을 기다리는 시인은 〈거울 앞에 한번〉 서서 자신을 관조합니다. 그리하여 5연에서처럼 〈나도 누군가 창가에서 기다리는/ 민들레 홀씨도 되고/ 그 뿌리도 되고 싶다.〉는 소망을 노래합니다. 여기에서 '누군가'의 원관념은 '님'일 터이매, 신앙의 주체를 향한 간절한 시심의 반영이라 보아도 좋습니다.

2.2 신앙의 높은 경지

온정선 시인은 가족과 친지들, 그리고 자연의 꽃 한 송이, 풀 한 포기에서도 깨우침을 얻습니다. 이는 겸손한 마음으로 사람과 자연을 대하기 때문인 것 같습니다. 작은 진리에서부터 시작하여 신앙의 가장 높은 경지까지 노래하는 것은 그의 내면이 순수하기 때문입니다.

작품 「차가움도 아름다움이어라」에서 시인은 <그렇게 살겠느냐!/ 그렇게 살겠느냐!// 호통 치던 할아버지 회초리>와 <제 눈물로 저를 녹일 때까지/ 올곧게 뿌리내리는 자존심>의 '고드름'도 정서적으로 동질적 대상입니다. 시인은 목련을 바라보며 <일상의 긴 다리 땅속에 묻고/ 하늘을 향한 구도의 문>이라는 놀라운 표현을 생성합니다. 목련꽃의 원관념을 '하늘을 향한 구도의 문'으로 승화합니다.

이런 정서로 수선화를 통해 깨달음에 이르는 과정을 형상화하기도 하는데, 자기만의 개성적 성취를 이룹니다.

수군수군 어디서 나는 소리일까?

첫새벽 미사 갔다 오는 길가
연두색 기둥 하늘로 떠 올리고
갓 씌운 노란 봉오리 그대 수선화
너도 오늘 새로 태어남에
감사의 미사를 바치고 있었구나.

보이지 않는다고 죽은 건 아니야
섭섭했는지 더욱 죽죽 키 올리는 너
그래 겨울만을 생각하는 어리석은 나

가끔은 진리를 잊고 한눈 팔 때
일깨워 주는 세상 만물 앞에서
숙연해지는 신비의 나라

오늘은 또 얼마나
많은 일깨움을 만나서 놀랄까.

- 「수선화」 전문

시인은 새벽미사에 다녀오는 길가에서 수선화를 만납니다. 연두색 잎줄기를 하늘로 떠올리고 노란 꽃을 피운 수선화를 바라보며 시인은 너도 〈감사의 미사를 바치고 있었구나.〉 깨닫습니다. 지금은 꽃을 피우고 있지만, 수선화는 겨울 내내 잎과 꽃을 보이지 않던 사물입니다. 그래서 시인은 〈보이지 않는다고 죽은 건 아니야.〉라는 깨달음을 얻습니다. 가끔은 진리를 잊고 한눈 팔 때, 세상 만물들이 일깨워주어 깨달음에 이릅니다. 이는 수선화로 대유되는 만물들이 깨우쳐 주는 것이 아니라, 시인 자신이 그 사물들에서 깨달음을 찾아낸 지혜의 산물입니다.

이와 같은 깨달음은 근원적 깨달음이기 때문에 다른 종교와도 닿아 있습니다. 세상에는 부처님께서 아니 계신 곳이 없다는 불교의 처처불심(處處佛心)이 그러합니다. 세 사람 이상이 길을 가다보면 그 중에 반드시 스승이 있다는 삼인행(三人行) 필유사(必有師)라는 유교 가르침이 그러합니다. 이렇듯이 신앙의 깊은 경지에 이르면, 각각 보편적 사유(思惟)로 귀납함을 확인하게 합니다.

2.3 부활의 새로운 해석

온정선 시인은 신앙의 궁극(窮極)이라 할 수 있는 '부활(復活)'

이 어느 '하나'에 구속되지 않고, 세상 낱낱의 사물과 연계되어 있는 신앙과 닿아 있음을 노래합니다.

> 부활은
> 첫 새벽 식구들 밥을 준비하는 어머니의
> 사랑스런 손 안에서 열리고.
>
> 신자들을 기다리는 이른 새벽,
> 성당 문을 여는 수녀님의
> 사랑스런 손길에 열리고.
>
> 성삼일 미리 준비하는 신부님의 강론 준비에서
> 먼저 부활이 찾아온다.
>
> 하루를 여는 꼭두새벽,
> 가족을 위해 일터로 향하는 한 잔의 커피 속,
> 아버지 눈길.
>
> 사랑의 여운을 따라가는 가슴에
> 내 민족 내 꿈을 펼치는 사랑의 새벽 종소리에도
> 부활이 묻어있네.
>
> 제자들보다 먼저 향유를 들고
> 무덤에 달려가
> 그리하여 예수님을 만나는 첫 사람이고 싶다.
>   - 「사랑의 눈」 전문

부활의 시작은 첫 새벽 식구들의 밥을 준비하는 어머니의 사랑스런 손안에서 열린다고 인식합니다. 어머니의 사랑이 곧 부활의 시작이자 의미인 것입니다. 또한 성당 문을 여는 수녀님의 사랑스런 손길, 신부님의 강론 준비, 일터로 향하는 한 잔의 커피 속에 비친 아버지의 눈길, 내 민족 내 꿈을 펼치는 사랑의 새벽 종소리 등에서 부활은 시작되고 진행된다는 인식을 작품에 담아내고 있습니다.

이는 '예수 수도회'를 창립하신 메리워드 수녀님에 대한 존경과 사랑으로 거듭나려는 자세의 일환(一環)으로 보입니다. 〈시대에 앞선 큰 발자국 지워지지 않도록/ 오늘도 당신의 마음으로/ 당신의 터전에 사랑을 심습니다.〉 이렇게 설립된 학교에서 시인은 어린이들을 가르쳤는데, 이 또한 새로운 생명의 탄생과 크게 다르지 않습니다. 그리하여 시인은 〈오, 주여!/ 메리워드, 우리와 함께 하시어 세상 끝날까지,/ 하늘나라 잔칫상에 함께 하는 날까지/ 온 세상이 평화의 나날〉이기를 기원합니다.

2.4 세상을 향한 기도

온정선 시인은 인류의 재앙으로 인식하고 있는 '코로나19(covid19)'가 만연된 세상에서 '주님'의 기적을 소망합니다. 작품 「아기 예수님께」에서 〈올 한해 정말 코로나19로 힘들었어요.〉라고 실토합니다. 천식을 앓고 있는 시인은 마스크 쓰기도 힘든 세월을 보냈다고 밝힙니다. 〈현미경으로도 보이지 않는/ 아주 작음의 무리〉가 세상을 휩쓸고 있다는 것입니다. 그리하여 〈하느님,/ 당신의 아들 아기 예수님이 이 땅에 오자/ 우리에겐 두려움이 사라졌고,/ 빛이 어두움을 몰아내고 있어요.〉라며 질병의 끝을 예감(豫感)합니다.

시인은 전대미문의 질병을 목격하고 '주님'의 기적을 간구합니다. 주님의 옷자락을 잡아 쾌유한 예수님 시대의 환자들처럼, 쾌유의 기적을 기대하며 기도 속에서 주님의 옷자락을 잡습니다.

> 이 많은 군중 속에서
> 누가 주님의 옷자락을 잡았다고 하십니까.
> 제가 잡았습니다.
>
> 밤 9시 우리나라를 위한 기도
> 고통 중에 앓고 있는 세상의 모든 이들이여!
> 제가 만졌습니다.
>
> 하느님이 주신 손, 곱고 예쁜 마음
> 붙잡을 곳은 오직 하나
> 따라 갈 곳도 오직 하나
>
> 주님은 오늘도 누가 주님의 옷자락을
> 잡았다고 하십니까?
> 제가 잡았습니다.
>
> 　　　　　　　－「예수님의 옷자락」 전문

이 작품에는 신종 코로나 바이러스가 사라지기를 기원하는 마음을 담았습니다. 〈밤 9시 우리나라를 위한 기도〉를 올리며, 고통 중에 앓고 있는 세상의 모든 사람을 위해 주님의 옷자락을 향하여 절절하게 기도합니다.

시인은 코로나19로 '거리두기'를 실천하면서, 이를 부정적으로 수용하지 않고, 오히려 긍정하는 시심을 보입니다. 〈얼마큼 거리 두니 참 좋구나.〉라면서 가까웠을 때는 보이지 않던 것이 간

격을 두니 조금씩 보이더라는 것입니다.

그러자 상대의 잘못을 지적하는 자신의 손가락이 이제 자신을 향하였다고 고백합니다. 이는 시구(詩句) 자체의 의미보다 현실의 아픔을 역설적으로 긍정하는 시심이라 하겠습니다.

3. 연년익수를 기원하며

온정선 라파엘라 수녀 시인은 '신앙의 직접적 고백'에서 절절한 정서를 환기하는 작품이 주류를 이루지만, 간결하고 단순한 시형(詩形)에서 깔끔하고 오롯한 정서를 환기하여 감동을 생성합니다.

「꽃비」에서 〈꽃비가 내 머리 위에 내린다./ 살아온 날들인 양 꽃처럼〉 아름답다고 노래합니다. 머리에 꽃비를 맞으며, 〈하늘에서 내리는 것이 어디 비뿐이랴/ 주님이 주시는 성령〉이 더 큰 기쁨이고 아름다움이라 깨닫습니다. 그리하여 시인은 〈꿈인 양 꽃비 되어 춤〉을 추기도 하고, 새의 발처럼 〈사뿐사뿐 뜀뛰기〉를 하며 아이처럼 꽃비를 맞습니다. 이러한 창작 의식은 「호수 찬가」에서도 신앙의 초심(初心)을 환기(喚起)합니다.

> 누구 부르는 이 있어
> 나 여기 섰는가?
>
> 맑고 푸른 네가 아니어도
> 다시 돌아오는 곳
>
> 쉼 없이도 고달프지 않아

빠른 듯 느린 듯

그리 살리라
처음 마음먹은 그때처럼.
-「호수 찬가」 전문

  온정선 라파엘라 수녀 시인은 금경축(金慶祝)에 이르도록 수녀 직분에 순명하고, 어린이들을 가르치는데 성심을 다한 분입니다. 처음 수녀가 될 때의 초심, 어린이들을 가르치던 초심으로 살아가겠다고 스스로 언약합니다. <그리 살리라/ 처음 마음먹은 그때처럼>에 담긴 시인의 신앙과 정신, 삶의 희로애락(喜怒哀樂), 그리고 문학작품으로 승화시킨 정서에 이르기까지 그야말로 오롯합니다.

  온정선 시인의 둘째 시집『아름다운 동행』에 수록된 작품을 감상하면서, 참으로 반갑고 행복한 독서였음을 고백합니다. 시인의 순수한 시심, 세상을 긍정하는 지성과 정서, 선하게 형성된 정갈한 소망을 공유(共有)합니다. 이제 산수(傘壽, 80세)를 넘기셨으매, 도타운 신심으로 연년익수(延年益壽)하시기를 기원합니다.

온정선 라파엘라 수녀 시인 금경축 기념 시집

아름다운 동행

발 행 일	2022년 06월 06일
지 은 이	온정선 라파엘라 수녀
발 행 인	李憲錫
발 행 처	오늘의문학사
출판등록	제55호(1993년 6월 23일)
주　　소	대전광역시 동구 대전로 867번길 52(삼성동 한밭오피스텔 401호)
전화번호	(042)624-2980
팩시밀리	(042)628-2983
카　　페	http://cafe.daum.net/gljang (문학사랑 글짱들)
	http://cafe.daum.net/art-i-ma (월간 충청예술문화)
전자우편	hs2980@daum.net
계좌번호	농협 405-02-100848 이헌석 오늘의문학사
공 급 처	한국출판협동조합
주문전화	(02)716-5616
팩시밀리	(02)716-2999

ISBN 979-11-6493-197-2
값 10,000원

ⓒ온정선 라파엘라 2022

* 이 책은 ㈜교보문고에서 E-Book(전자책)으로 제작·판매합니다.
* 잘못 제작된 책은 바꾸어 드립니다.